I. EINFÜHRUNG

Kapitel 1: Warum der digitale Euro eine CBDC ist.

Kapitel 2: Überblick über CBDC.

Kapitel 3: Zweck des Buches.

Kapitel 4: Kurze Geschichte des CBDC.

Kapitel 1: Warum der digitale Euro eine CBDC ist

Der digitale Euro wird aus den folgenden Gründen als digitale Zentralbankwährung (CBDC) eingestuft:

- <u>Emittent</u>: Der digitale Euro wird von der Europäischen Zentralbank (EZB) ausgegeben, was ein wesentliches Merkmal einer CBDC darstellt. Nur die Zentralbank ist für die Ausgabe und Kontrolle verantwortlich.
- <u>Form</u>: Es handelt sich um eine digitale Währung, die ausschließlich in elektronischer Form existiert. Im Gegensatz zu Bargeld existiert der digitale Euro nicht in physischer Form.
- <u>Funktion als gesetzliches Zahlungsmittel</u>: Der digitale Euro ist dazu bestimmt, in den Ländern der Eurozone als gesetzliches Zahlungsmittel neben dem traditionellen Euro verwendet zu werden.
- <u>Wertstabilität</u>: Wie die traditionelle Währung behält der digitale Euro einen stabilen Wert, der an den Euro gebunden ist, und unterliegt nicht der Volatilität, die Kryptowährungen wie Bitcoin[1] kennzeichnet.

Die oben beschriebenen Merkmale machen den digitalen Euro zu einer typischen CBDC, weshalb der Begriff CBDC im weiteren Verlauf des Buches verwendet wird.

Wenn die Deutsche Bundesbank plötzlich beschließen sollte, die digitale Mark einzuführen, würde das Buch dennoch seine Relevanz behalten, da die digitale Mark der Deutschen Bundesbank ebenfalls eine CBDC wäre.

---

[1] Bitcoin ist eine digitale Währung, die im Jahr 2009 von einer unbekannten Person oder Gruppe unter dem Pseudonym Satoshi Nakamoto geschaffen wurde. Bitcoin ist eine dezentralisierte Währung, d.h. sie wird von keiner zentralen Behörde, wie z.B. einer Regierung oder einem Finanzinstitut, kontrolliert. Bitcoin arbeitet mit einem verteilten Hauptbuch, der Blockchain, die alle Bitcoin-Transaktionen aufzeichnet.

INHALTSVERZEICHNIS

I. Einführung...3
   Kapitel 1: Warum der digitale Euro eine CBDC ist........................4
   Kapitel 2: Überblick über CBDC...5
   Kapitel 3: Zweck des Buches..7
   Kapitel 4: Kurze Geschichte des CBDC...8

II. Was ist CBDC?...9
   Kapitel 5: Definition von CBDC..10
   Kapitel 6: Arten von CBDC..11
   Kapitel 7: Merkmale von CBDC...14

III. Vorteile von CBDC..15
   Kapitel 8: Niedrigere Transaktionskosten und verbesserte Effizienz........16
   Kapitel 9: Verstärkte finanzielle Eingliederung...............................17
   Kapitel 10: Weniger Betrug und Korruption..................................18
   Kapitel 11: Verstärkte Geldpolitik..19

IV. Nachteile von CBDC..20
   Kapitel 12: Bedrohung für Geschäftsbanken.................................21
   Kapitel 13: Bedenken hinsichtlich der Privatsphäre.......................22
   Kapitel 14: Operative und technische Herausforderungen............23
   Kapitel 15: Fragen zur Umsetzung und Annahme........................24
   Kapitel 16: Risiken der Zentralisierung..25

V. Vergleich von CBDC mit anderen Zahlungssystemen........................26
   Kapitel 17: Bargeld...27
   Kapitel 18: Traditionelle elektronische Zahlungssysteme...............28
   Kapitel 19: Kryptowährungen...29

VI. Fallstudien zur CBDC-Implementierung...............................30
   Kapitel 20: China..31
   Kapitel 21: Schweden...32
   Kapitel 22: Bahamas..33
   Kapitel 23: Nigeria...34
   Kapitel 24: Jamaika..35
   Kapitel 25: Frankreich..36

VII. Regulatorische Fragen und Herausforderungen...........38
Kapitel 26: Rechtliche und regulatorische Rahmenbedingungen..............39
Kapitel 27: Grenzüberschreitende Transaktionen und Interoperabilität....41
Kapitel 28: Internationale Zusammenarbeit und Koordination................42

VIII. Zukunft des CBDC...........43
Kapitel 29: Mögliche Auswirkungen auf das globale Finanzsystem.........44
Kapitel 30: Chancen und Herausforderungen für Schwellenländer..........45
Kapitel 31: Chancen und Herausforderungen für fortgeschrittene Volkswirtschaften................47
Kapitel 32: Technologischer Fortschritt und Innovation........................49

IX. Ängste...........52
Kapitel 33: Die Ängste der einfachen Leute vor CBDC..........................53
Kapitel 34: Bedenken der Unternehmen gegenüber CBDC.....................55
Kapitel 35: Staatliche Bedenken gegen CBDC..57

X. Schlussfolgerung...........59
Kapitel 36: Zusammenfassung der wichtigsten Punkte..........................60
Kapitel 37: Konsequenzen für politische Entscheidungsträger, Finanzinstitute und Verbraucher..............61
Kapitel 38: Sollten Sie Angst vor CBDC haben?.....................................63
Kapitel 39: Abschließende Gedanken und Empfehlungen.....................65

XI. Referenzen...........66

Kapitel 2: Überblick über CBDC

CBDC (Central Bank Digital Currency) ist digitale Zentralbankgeld.

CBDC gibt es in zwei Formen: für den Einzelhandel und für den Großhandel. CBDC für den Einzelhandel sind für die breite Öffentlichkeit bestimmt und sollen als Ersatz für Bargeld verwendet werden. Sie werden in der Regel für alltägliche Transaktionen verwendet und können in digitalen Geldbörsen aufbewahrt werden. CBDC für Großkunden sind für Finanzinstitute bestimmt und werden für Transaktionen mit hohen Beträgen zwischen Banken verwendet.

Einer der Hauptgründe für CBDC ist die steigende Nachfrage nach digitalen Zahlungen. Der Anstieg digitaler Zahlungen hat zu Bedenken über die Zukunft des Bargelds geführt, und CBDC werden als mögliche Lösung für dieses Problem angesehen. Darüber hinaus haben CBDC das Potenzial, mehrere Vorteile gegenüber traditionellen Zahlungssystemen zu bieten[2], wie z.B. schnellere Transaktionsgeschwindigkeiten, niedrigere Kosten und eine stärkere finanzielle Integration.

Ein weiterer Grund für CBDC ist das Potenzial, die Wirksamkeit der Geldpolitik zu verbessern. CBDC könnten den Zentralbanken mehr Kontrolle über die Geldmenge geben und eine präzisere Umsetzung der Geldpolitik ermöglichen. Dies könnte möglicherweise zu stabileren und vorhersehbareren wirtschaftlichen Ergebnissen führen.

Allerdings gibt es auch einige Herausforderungen, die mit CBDC verbunden sind. Eine der größten Herausforderungen besteht darin, sicherzustellen, dass CBDC sicher sind und Cyberangriffen standhalten können. Darüber hinaus werfen CBDC Bedenken hinsichtlich der Privatsphäre und des Datenschutzes auf, da sie es den Zentralbanken ermöglichen könnten, Transaktionen zu verfolgen und zu überwachen. Es gibt auch Bedenken hinsichtlich der potenziellen Auswirkungen von CBDC auf das Finanzsystem, insbesondere hinsichtlich des Potenzials von CBDC, das Bankensystem zu destabilisieren oder Banken aus dem Weg zu räumen.

---

2   Unter Zahlungssystemen versteht man die Gesamtheit der Prozesse, Verfahren und Technologien, die den Geldtransfer zwischen Privatpersonen, Unternehmen und anderen Einrichtungen ermöglichen. Diese Systeme bieten Käufern die Möglichkeit, für Waren und Dienstleistungen zu bezahlen, und Verkäufern die Möglichkeit, Zahlungen zu erhalten.

Trotz dieser Herausforderungen werden CBDC von Zentralbanken auf der ganzen Welt erforscht, wobei mehrere Länder bereits CBDC implementieren oder als Pilotprojekt einsetzen. In den nächsten Kapiteln dieses Buches werden die Vor- und Nachteile von CBDC sowie die Herausforderungen und Chancen, die mit ihrer Umsetzung verbunden sind, genauer untersucht.

Kapitel 3: Zweck des Buches

Insgesamt besteht der Zweck dieses Buches darin, eine umfassende und ausgewogene Analyse von CBDC zu liefern und dabei sowohl ihre potenziellen Vorteile als auch ihre Risiken zu untersuchen. Das Buch ist eine wertvolle Ressource für alle, die das Potenzial von CBDC und ihre mögliche Rolle in der Zukunft des Zahlungsverkehrs und des globalen Finanzsystems verstehen wollen.

Das Buch untersucht die potenziellen Vorteile von CBDC, wie z.B. erhöhte Effizienz, niedrigere Transaktionskosten und verbesserte finanzielle Integration. Es wird auch die Herausforderungen untersuchen, die mit CBDC verbunden sind, wie z.B. operative und technische Herausforderungen, Risiken für die Finanzstabilität und Bedenken hinsichtlich des Datenschutzes.

Neben der Untersuchung der Vor- und Nachteile von CBDC wird das Buch auch CBDC mit anderen Zahlungssystemen wie Bargeld, traditionellen elektronischen Zahlungssystemen und Kryptowährungen[3] vergleichen. Dies wird den Lesern helfen, die einzigartigen Merkmale von CBDC und ihre mögliche Rolle in der Zukunft des Zahlungsverkehrs zu verstehen.

Das Buch enthält auch Fallstudien von Ländern, die bereits CBDC implementiert haben oder in der Pilotphase sind, wie z.B. China, Schweden, Uruguay, Bahamas, Nigeria, Jamaika, Südkorea und Frankreich. Diese Fallstudien werden den Lesern helfen, die praktischen Herausforderungen und Chancen zu verstehen, die mit der Einführung von CBDC verbunden sind.

Darüber hinaus wird das Buch die regulatorischen Fragen und Herausforderungen im Zusammenhang mit CBDC untersuchen, einschließlich rechtlicher und regulatorischer Rahmenbedingungen, grenzüberschreitender Transaktionen und internationaler Zusammenarbeit und Koordination.

Schließlich wird das Buch die potenzielle Zukunft von CBDC untersuchen, einschließlich ihrer potenziellen Auswirkungen auf das globale Finanzsystem, Chancen und Herausforderungen für Schwellenländer sowie technologische Fortschritte und Innovationen.

---

3   Kryptowährungen sind digitale oder virtuelle Währungen, die Kryptographie verwenden, um Transaktionen zu sichern und zu verifizieren und um die Schaffung neuer Einheiten zu kontrollieren.

Kapitel 4: Kurze Geschichte des CBDC

Das Konzept der digitalen Zentralbankwährung ist relativ neu, hat aber seine Wurzeln in den frühen Tagen des digitalen Zahlungsverkehrs. Die ersten digitalen Zahlungssysteme wurden in den 1970er Jahren mit der Einführung von elektronischen Geldtransfersystemen (electronic funds transfer, EFT) eingeführt. Diese Systeme ermöglichten es den Banken, Gelder elektronisch zu überweisen, ohne dass physische Schecks oder Bargeld benötigt wurden.

In den 1990er Jahren führte der Aufstieg des Internets und des elektronischen Handels zur Entwicklung neuer Zahlungssysteme wie PayPal und anderer digitaler Zahlungsplattformen. Diese Plattformen ermöglichten es Privatpersonen und Unternehmen, digitale Zahlungen über ihre Bankkonten oder Kreditkarten zu tätigen.

Die Einführung des digitalen Zahlungsverkehrs weckte jedoch Bedenken hinsichtlich der Zukunft des Bargelds und der Rolle der Zentralbanken in der digitalen Wirtschaft. Infolgedessen begannen Zentralbanken auf der ganzen Welt, das Konzept der CBDC zu untersuchen.

Das erste Land, das sich ernsthaft mit dem Konzept der CBDC auseinandersetzte, war Ecuador, das 2014 begann, die Idee zu untersuchen.

Im Jahr 2015 veröffentlichte die Bank of England ein Forschungspapier, in dem sie die potenziellen Vorteile und Risiken von CBDC untersuchte, und im Jahr 2016 begann die Bank of Canada, die Möglichkeit der Emission eines CBDC zu prüfen.

Im Jahr 2017 gab die People's Bank of China (PBOC) bekannt, dass sie die Möglichkeit der Ausgabe einer digitalen Version des Yuan prüft. Diese Ankündigung weckte das Interesse auf der ganzen Welt und viele andere Zentralbanken begannen, das Konzept der CBDC zu untersuchen.

Im Jahr 2018 veröffentlichte die Bank für Internationalen Zahlungsausgleich (BIZ) einen Bericht über CBDC, in dem die potenziellen Vorteile und Risiken von CBDC hervorgehoben und Leitlinien für Zentralbanken, die das Konzept erkunden, bereitgestellt wurden.

Im Jahr 2020 waren die Bahamas das erste Land, das mit der Einführung des Sanddollars ein CBDC vollständig umgesetzt hat.

II. WAS IST CBDC?

Kapitel 5: Definition von CBDC.

Kapitel 6: Arten von CBDC.

Kapitel 7: Merkmale von CBDC.

Kapitel 5: Definition von CBDC

Central Bank Digital Currency (CBDC) ist eine digitale Form von Fiat-Geld[4], das von einer Zentralbank ausgegeben und gesichert wird. Die Zentralbank sorgt auch dafür, dass die CBDC ihren Wert behalten, genau wie traditionelle Fiat-Währungen.

Im Gegensatz zu Kryptowährungen sind CBDC nicht dezentralisiert[5] und werden von der emittierenden Zentralbank kontrolliert.

Im Gegensatz zur traditionellen Währung ist CBDC digital und kann auf elektronischen Geräten wie Smartphones oder Computern gespeichert werden.

CBDC ist als gesetzliches Zahlungsmittel anerkannt, d.h. es wird als gültiges Zahlungsmittel für alle Schulden, ob öffentlich oder privat, akzeptiert.

CBDC kann als geldpolitisches Instrument eingesetzt werden, das es den Zentralbanken ermöglicht, Zinssätze, Inflation und andere Wirtschaftsindikatoren leichter zu steuern.

CBDC sind als Zahlungsmittel konzipiert, ähnlich wie Bargeld oder herkömmliche elektronische Zahlungen. Sie können für Einkäufe und Zahlungen verwendet werden, sowohl online als auch persönlich, und sie können zwischen Privatpersonen oder Unternehmen übertragen werden.

---

4 Fiat-Geld ist eine Art von Währung, die keinen inneren Wert hat und nicht durch ein physisches Gut wie Gold oder Silber gedeckt ist. Stattdessen wird es von einer Regierung zum gesetzlichen Zahlungsmittel erklärt und auf der Grundlage des Vertrauens in die ausgebende Behörde als Tauschmittel akzeptiert. Fiatgeld wird in der Regel von Zentralbanken ausgegeben und als Tauschmittel für Waren und Dienstleistungen innerhalb eines Landes verwendet. Der Wert von Fiat-Geld wird durch Angebot und Nachfrage bestimmt und kann durch eine Reihe wirtschaftlicher und politischer Faktoren wie Inflation, Zinssätze und Regierungspolitik beeinflusst werden.

5 Dezentral bezieht sich auf ein System oder Netzwerk, das ohne eine zentrale Autorität oder Kontrolle arbeitet. Stattdessen sind Entscheidungsgewalt und Kontrolle auf alle Teilnehmer des Netzwerks verteilt, und Transaktionen werden durch einen Konsensmechanismus überprüft und bestätigt, an dem alle Parteien beteiligt sind.

Kapitel 6: Arten von CBDC

CBDC können in verschiedene Typen eingeteilt werden, abhängig von ihrem Design und ihrer Funktionalität:

- CBDC für Privatkunden sind für die breite Öffentlichkeit bestimmt, ähnlich wie Bargeld. Sie werden von der Zentralbank ausgegeben und können von Privatpersonen und Unternehmen für alltägliche Transaktionen gehalten und verwendet werden. Retail-CBDC können entweder kontenbasiert oder tokenbasiert sein.

- Großkunden- CBDC sind für die Verwendung durch Finanzinstitute, wie z.B. Banken, für Interbankentransaktionen und -abwicklungen vorgesehen. Sie werden von der Zentralbank ausgegeben und können nur von autorisierten Finanzinstituten verwendet werden.

- Hybride CBDC vereinen Merkmale von Privatkunden- und Großkunden-CBDC. Sie sind so konzipiert, dass sie sowohl von Privatpersonen als auch von Finanzinstituten für verschiedene Arten von Transaktionen genutzt werden können. Hybride CBDC können entweder kontenbasiert oder tokenbasiert sein.

- Synthetische CBDC werden nicht von der Zentralbank emittiert, sondern von einer privaten Einrichtung oder einem Konsortium unter Verwendung eines Korbs von Vermögenswerten als Sicherheiten geschaffen. Sie sollen als stabile Münze[6] verwendet werden, deren Wert an eine Fiat-Währung oder einen Währungskorb gekoppelt ist.

---

6   Ein Stablecoin ist eine Art von Kryptowährung, die so konzipiert ist, dass sie einen stabilen Wert im Verhältnis zu einem bestimmten Vermögenswert, wie einer Fiat-Währung oder einem Rohstoff, beibehält. Stablecoins sind in der Regel durch Reserven des zugrundeliegenden Vermögenswerts abgesichert, die in einem Depot oder auf einer Blockchain gehalten werden. Diese Absicherung trägt dazu bei, die Stabilität des Wertes des Stablecoins zu gewährleisten, und bietet Anlegern einen zuverlässigen und vorhersehbaren Wertespeicher.

CBDC können auch anhand der ihnen zugrunde liegenden Technologie klassifiziert werden:

- Blockchain[7] -basierte CBDC nutzen die Distributed Ledger Technology (DLT), um Transaktionen aufzuzeichnen und zu verifizieren.
- Nicht-Blockchain-basierte CBDC verwenden andere Arten von Technologie, wie z.B. eine zentralisierte Datenbank oder ein Hybridmodell.

Es gibt verschiedene Arten von CBDC, darunter:

- Kontobasierte CBDC - Dies sind CBDC, die an ein bestimmtes Konto, z.B. ein Bankkonto, gebunden sind. Sie können zwischen Konten übertragen und für Zahlungen verwendet werden.
- Token-basierte CBDC - Dies sind CBDC, die als digitale Token[8] ausgegeben werden. Sie können zwischen Privatpersonen oder Unternehmen übertragen und für Zahlungen verwendet werden.

Das Design von CBDC kann auch in Bezug auf ihre Datenschutz- und Sicherheitsmerkmale variieren. CBDC können anonym sein, d.h. die Identität des Benutzers wird während einer Transaktion nicht preisgegeben, oder rückverfolgbar, d.h. die Identität des Benutzers kann über den Transaktionsdatensatz zurückverfolgt werden. CBDC können auch so konzipiert sein, dass sie verschiedene Sicherheitsstufen aufweisen, wie z.B. Multi-Faktor-Authentifizierung oder biometrische Verifizierung.

Insgesamt hängt die Art der CBDC, die eine Zentralbank ausgeben möchte, von den spezifischen Bedürfnissen und Zielen ihrer Wirtschaft ab. In den nächsten Kapiteln dieses Buches werden die potenziellen Vorteile und Risi-

---

7   Die Blockchain-Technologie ist ein dezentrales digitales Hauptbuch, das eine sichere, transparente und fälschungssichere Speicherung und Übertragung von Daten ermöglicht. Sie besteht aus einem Netzwerk von miteinander verbundenen Computern (Knoten), die zusammenarbeiten, um Transaktionen und Dateneinträge mit einem Zeitstempel versehen, unveränderlich und unveränderbar aufzuzeichnen und zu validieren. Jeder Block in der Kette enthält einen Hash des vorhergehenden Blocks, wodurch eine sichere und transparente Kette von Blöcken entsteht, die einen klaren Prüfpfad für alle Transaktionen bietet. Die Blockchain-Technologie wird oft mit Kryptowährungen in Verbindung gebracht, aber sie hat ein breites Spektrum an potenziellen Anwendungen in verschiedenen Branchen, darunter Finanzen, Lieferkettenmanagement, Gesundheitswesen und mehr.

8   Digitale Token sind Werteinheiten, die mithilfe der Blockchain-Technologie erstellt und verwaltet werden. Sie repräsentieren eine breite Palette von Vermögenswerten, darunter virtuelle Währungen, digitale Vermögenswerte und reale Vermögenswerte. Digitale Token werden durch Initial Coin Offerings (ICOs) oder Security Token Offerings (STOs) erstellt und ausgegeben und können an Kryptowährungsbörsen gekauft, verkauft und gehandelt oder als Zahlungsmittel für Waren und Dienstleistungen verwendet werden.

ken von CBDC sowie die Herausforderungen und Chancen, die mit ihrer Umsetzung verbunden sind, genauer untersucht.

Kapitel 7: Merkmale von CBDC

CBDC hat mehrere einzigartige Eigenschaften, die es von traditionellen Geldformen unterscheiden:

- Digital: CBDC ist eine digitale Form der Währung, die elektronisch gespeichert und übertragen wird, wodurch sie einfacher und effizienter als physisches Bargeld zu verwenden ist.
- Programmierbar: CBDC kann mit programmierbaren Funktionen entworfen werden, die automatisierte Smart Contracts[9] und andere Anwendungen ermöglichen.
- Interoperabel: CBDC kann mit anderen Zahlungssystemen und Währungen interoperabel sein, so dass grenzüberschreitende Transaktionen und internationale Zahlungen möglich sind.
- Nachvollziehbar: CBDC können so gestaltet werden, dass sie rückverfolgbar sind, was eine größere Transparenz und Verantwortlichkeit bei Finanztransaktionen ermöglicht.
- Datenschutz: CBDC kann mit einem starken Datenschutz versehen werden, der sicherstellt, dass die Benutzerdaten vertraulich und sicher behandelt werden.
- Sicher: CBDC kann mit robusten Sicherheitsfunktionen wie Verschlüsselung, Multi-Faktor-Authentifizierung und biometrischer Verifizierung ausgestattet werden.

---

9 Smart Contracts sind selbstausführende digitale Verträge, die so programmiert sind, dass sie die Bedingungen einer Vereinbarung zwischen zwei oder mehr Parteien automatisch ausführen. Sie werden von der Blockchain-Technologie unterstützt, die eine sichere und transparente Möglichkeit bietet, die Vertragsbedingungen zu speichern und zu überprüfen. Smart Contracts können zur Automatisierung einer Vielzahl von Geschäftsprozessen verwendet werden, darunter Finanztransaktionen, rechtliche Vereinbarungen und das Management der Lieferkette.

III. VORTEILE VON CBDC

Kapitel 8: Niedrigere Transaktionskosten und verbesserte Effizienz.

Kapitel 9: Verstärkte finanzielle Eingliederung.

Kapitel 10: Weniger Betrug und Korruption.

Kapitel 11: Verstärkte Geldpolitik.

Kapitel 8: Niedrigere Transaktionskosten und verbesserte Effizienz

CBDC kann billiger und effizienter sein als herkömmliches Geld, weil:

- Niedrigere Gebühren: CBDC kann die Transaktionsgebühren für traditionelle Zahlungsmethoden wie Kreditkarten, Überweisungen und Zahlungsanweisungen eliminieren oder reduzieren. Dies kann Zahlungen erschwinglicher machen, insbesondere für kleine Transaktionen.

- Schnellere Abwicklung: CBDC kann die Abwicklung von Zahlungen in Echtzeit erleichtern und so den Zeit- und Kostenaufwand für das Clearing und die Abwicklung von Transaktionen reduzieren. Dies kann auch das Risiko von Betrug und Fehlern verringern, das mit einer verzögerten Abwicklung verbunden ist.

- Niedrigere Infrastrukturkosten: CBDC kann den Bedarf an physischer Infrastruktur, wie z.B. Bankfilialen und Geldautomaten, reduzieren und so die mit traditionellen Bankdienstleistungen verbundenen Gemeinkosten senken.

- Automatisierte Smart Contracts: CBDC kann mit programmierbaren Funktionen entwickelt werden, die automatisierte Smart Contracts und andere Anwendungen ermöglichen. Dies kann den Bedarf an Zwischenhändlern wie Anwälten und Maklern verringern und so die Kosten für Transaktionen senken.

- Geringerer Betrug: CBDC können mit starken Sicherheitsmerkmalen wie Verschlüsselung und biometrischer Verifizierung ausgestattet werden, wodurch das Risiko von Betrug und Cyberangriffen verringert wird. Dadurch können die Kosten für die Aufdeckung und Verhinderung von Betrug gesenkt werden.

- Verbesserte Buchführung: CBDC kann die Aufbewahrung von Aufzeichnungen und die Datenverwaltung verbessern, so dass es einfacher wird, finanzielle Transaktionen zu verfolgen und nachzuvollziehen. Dies kann die Effizienz von Audits, Compliance und regulatorischen Prozessen verbessern.

- Weniger Papierkram: CBDC kann den Papierkram und die physische Dokumentation, die mit traditionellen Finanztransaktionen verbunden sind, reduzieren und so die Effizienz der Verwaltungsprozesse verbessern.

Kapitel 9: Verstärkte finanzielle Eingliederung

Einer der wichtigsten Vorteile von CBDC ist ihr Potenzial, die finanzielle Eingliederung zu verbessern. Wie bereits erwähnt, haben Millionen von Menschen auf der ganzen Welt immer noch keinen Zugang zu formellen Finanzdienstleistungen. CBDC können dazu beitragen, diese Lücke zu schließen, indem sie eine kostengünstige und zugängliche Möglichkeit des Zugangs zu Finanzdienstleistungen bieten. Mit CBDC wären die Menschen nicht mehr auf Banken oder andere Finanzinstitute angewiesen, um ihr Geld aufzubewahren und darauf zuzugreifen, wodurch Finanzdienstleistungen für eine größere Anzahl von Menschen zugänglicher werden.

Darüber hinaus können CBDC so gestaltet werden, dass sie für Menschen, die traditionell vom formellen Finanzsystem ausgeschlossen sind, zugänglicher sind. So können CBDC beispielsweise benutzerfreundlicher für Menschen gestaltet werden, die mit traditionellen Bankdienstleistungen nicht vertraut sind, wie etwa Menschen in ländlichen Gebieten oder einkommensschwachen Gemeinden. CBDC können auch so gestaltet werden, dass sie für Menschen mit Behinderungen zugänglicher sind, z. B. durch die Integration von Zugänglichkeitsfunktionen wie Text-to-Speech oder Audiobeschreibungen.

Darüber hinaus können CBDC dazu beitragen, die finanzielle Stabilität zu fördern und das Risiko von Finanzkrisen zu verringern. Bei herkömmlichen Währungen spielen Banken und andere Finanzinstitute eine zentrale Rolle im Finanzsystem, was zu potenziellen Risiken und Schwachstellen führt. CBDC hingegen können eine sicherere und stabilere Form der Währung bieten, die direkt von der Zentralbank gestützt wird, wodurch das Risiko von Bank-Runs oder anderen Finanzkrisen verringert wird.

Schließlich können die Zentralverwahrer den Regierungen einen besseren Einblick in die Wirtschaft verschaffen und so eine effizientere und effektivere Geldpolitik ermöglichen. CBDC können den Zentralbanken helfen, besser zu verstehen, wie das Geld verwendet wird, wo es ausgegeben wird und wie es durch die Wirtschaft fließt, was gezieltere und effektivere politische Interventionen ermöglicht.

Kapitel 10: Weniger Betrug und Korruption

Einer der Hauptvorteile von CBDC ist ihr Potenzial, Betrug und Korruption zu reduzieren. Herkömmliches Bargeld kann leicht gefälscht werden und Transaktionen lassen sich nur schwer zurückverfolgen, was es zu einem attraktiven Ziel für Kriminelle und Betrüger macht. CBDC hingegen sind so konzipiert, dass sie äußerst sicher und schwer zu fälschen sind, was sie weniger anfällig für Betrug und Korruption macht.

CBDC können auch so konzipiert werden, dass sie in hohem Maße rückverfolgbar sind, was es den Strafverfolgungsbehörden erleichtert, verdächtige Transaktionen zu verfolgen und zu untersuchen. Durch die detaillierte Aufzeichnung aller Transaktionen in der Blockchain können CBDC es Kriminellen erheblich erschweren, ihre Aktivitäten zu verbergen und den Strafverfolgungsbehörden wertvolle Beweise in Fällen von Betrug, Geldwäsche und anderen Finanzverbrechen liefern.

Darüber hinaus können CBDC so konzipiert werden, dass sie fortschrittliche Sicherheitsmerkmale wie biometrische Authentifizierung enthalten, die das Risiko von Identitätsdiebstahl und anderen Arten von Betrug erheblich verringern können. Die biometrische Authentifizierung kann dazu beitragen, dass nur autorisierte Personen Zugang zu den CBDC haben und diese nutzen können, was es Betrügern erheblich erschwert, digitale Währungen zu stehlen oder zu missbrauchen.

Ein weiterer Vorteil von CBDC besteht darin, dass sie zur Verringerung der Korruption beitragen können, indem sie für mehr Transparenz und Rechenschaftspflicht bei Finanztransaktionen sorgen. CBDC können so konzipiert werden, dass sie fortschrittliche Prüfungsfunktionen enthalten, die dazu beitragen können, dass alle Transaktionen ordnungsgemäß aufgezeichnet und verbucht werden. Dadurch wird es für korrupte Beamte viel schwieriger, öffentliche Gelder abzuschöpfen oder andere Arten von finanziellem Fehlverhalten zu begehen.

Schließlich können CBDC dazu beitragen, die finanzielle Eingliederung zu fördern und das Risiko der finanziellen Ausgrenzung zu verringern. Indem sie einen sicheren und zugänglichen Zugang zu Finanzdienstleistungen bieten, können die CBDC dazu beitragen, mehr Menschen in das formale Finanzsystem zu bringen und so das Risiko der finanziellen Ausgrenzung und die damit verbundenen sozialen und wirtschaftlichen Kosten zu verringern.

Kapitel 11: Verstärkte Geldpolitik

Einer der wichtigsten Vorteile von CBDC ist ihr Potenzial, die Geldpolitik zu verbessern. CBDC können den Zentralbanken eine größere Kontrolle über die Geldmenge verschaffen, was es ihnen erleichtert, die Geldpolitik umzusetzen und zu steuern.

So könnten die Zentralbanken die CBDC beispielsweise zur Einführung von Negativzinsen nutzen, die das Wirtschaftswachstum ankurbeln können, indem sie Verbraucher und Unternehmen dazu anregen, mehr Geld auszugeben. Negative Zinssätze belasten Verbraucher und Unternehmen effektiv mit Gebühren für das Halten von Geld auf Sparkonten und bieten ihnen einen Anreiz, ihr Geld stattdessen auszugeben oder zu investieren. Durch die Einführung von Negativzinsen über CBDC könnten die Zentralbanken die Geldmenge leichter und effektiver kontrollieren und die Wirtschaftstätigkeit anregen.

CBDC können den Zentralbanken auch mehr Flexibilität bei der Umsetzung der Geldpolitik bieten. Traditionelle geldpolitische Instrumente wie Zinsanpassungen können Zeit brauchen, um sich auf die Wirtschaft auszuwirken. CBDC hingegen können reaktionsschneller und dynamischer gestaltet werden, so dass die Zentralbanken die Geldmenge als Reaktion auf veränderte wirtschaftliche Bedingungen schnell anpassen können.

Außerdem können CBDC dazu beitragen, das Risiko eines Bank-Runs in Zeiten der Finanzkrise zu verringern. In einem traditionellen Bankensystem können die Kunden in Zeiten wirtschaftlicher Unsicherheit ihre Einlagen massenhaft abziehen, was zu einer Liquiditätskrise für die Bank führt. CBDC können eine stabilere und sicherere Alternative bieten, indem sie es den Verbrauchern ermöglichen, ihr Geld direkt bei der Zentralbank zu deponieren, anstatt sich auf die Geschäftsbanken zu verlassen.

Schließlich können CBDC dazu beitragen, das Risiko von Währungsschwankungen und Wechselkursschwankungen zu verringern. Durch die Bereitstellung einer stabilen und sicheren Form der digitalen Währung können CBDC dazu beitragen, das Risiko von Währungsschwankungen zu verringern und für mehr finanzielle Stabilität zu sorgen. Dies kann für Länder mit volatilen Währungen oder instabilen Finanzsystemen besonders wichtig sein.

IV. NACHTEILE VON CBDC

Kapitel 12: Bedrohung für Geschäftsbanken.

Kapitel 13: Bedenken hinsichtlich der Privatsphäre.

Kapitel 14: Operative und technische Herausforderungen.

Kapitel 15: Fragen zur Umsetzung und Annahme.

Kapitel 16: Risiken der Zentralisierung.

Kapitel 12: Bedrohung für Geschäftsbanken

CBDC bieten zwar viele potenzielle Vorteile gegenüber der traditionellen Währung, haben aber auch einige potenzielle Nachteile. Eine große Sorge ist, dass die weit verbreitete Einführung von CBDC eine Bedrohung für die Existenz von Geschäftsbanken darstellen könnte, da sie die Nachfrage nach traditionellen Bankdienstleistungen verringern könnte.

CBDC sind so konzipiert, dass sie äußerst sicher und einfach zu bedienen sind, was sie zu einer attraktiven Alternative zu herkömmlichen Bankdienstleistungen macht. Die Verbraucher könnten ihr Geld direkt bei der Zentralbank deponieren, anstatt sich bei der Aufbewahrung ihrer Einlagen auf Geschäftsbanken zu verlassen. Dies könnte zu einem deutlichen Rückgang der Nachfrage nach kommerziellen Bankdienstleistungen führen, da sich Verbraucher und Unternehmen zunehmend CBDC als sicherere und zuverlässigere Form der digitalen Währung zuwenden.

Dies könnte eine erhebliche Bedrohung für die Lebensfähigkeit der Geschäftsbanken darstellen, da sie auf Kundeneinlagen angewiesen sind, um ihre Kreditvergabe zu finanzieren. Wenn die Kunden beginnen, ihre Einlagen massenhaft abzuziehen und in CBDC zu lagern, könnte dies zu einer erheblichen Verringerung der Geldmenge führen, die den Geschäftsbanken zur Kreditvergabe zur Verfügung steht. Dies könnte wiederum zu einem Rückgang der Kreditvergabe führen, was sich negativ auf das Wirtschaftswachstum auswirken könnte.

Darüber hinaus könnten CBDC auch eine Bedrohung für die Zahlungsverarbeitungsbranche darstellen. Da CBDC so konzipiert sind, dass sie hocheffizient und kostengünstig sind, könnten sie möglicherweise traditionelle Zahlungsabwicklungssysteme wie Kreditkartennetzwerke, Überweisungsdienste und andere Zahlungsabwickler ersetzen. Dies könnte negative Auswirkungen auf die Unternehmen haben, die diese Dienstleistungen anbieten, da sie in einer Welt, in der CBDC die wichtigste Form der digitalen Währung sind, nicht mehr benötigt würden.

Kapitel 13: Bedenken hinsichtlich der Privatsphäre

Eine der größten Sorgen im Zusammenhang mit der Einführung von CBDC ist der Datenschutz. Bei CBDC handelt es sich um digitale Währungen, die von zentralen Behörden leicht verfolgt werden können, wodurch Regierungen möglicherweise einen noch nie dagewesenen Zugang zu Finanzdaten erhalten. Diese verstärkte Überwachung könnte zwar einige Vorteile mit sich bringen, wirft aber auch erhebliche Bedenken hinsichtlich des Datenschutzes und der bürgerlichen Freiheiten auf.

CBDC sind so konzipiert, dass sie äußerst sicher und effizient sind. Das bedeutet, dass jede Transaktion in einem zentralen Hauptbuch aufgezeichnet wird, was es für Regierungen einfacher macht, finanzielle Aktivitäten zu verfolgen. Dies könnte zwar bei der Verhinderung von Betrug und Geldwäsche von Vorteil sein, aber es bedeutet auch, dass die Regierung Zugang zu detaillierten Informationen über jede Transaktion hätte, die stattfindet. Dieses Maß an Überwachung könnte für Personen, die ihre Privatsphäre schätzen und nicht wollen, dass ihre finanziellen Aktivitäten von der Regierung überwacht werden, bedenklich sein.

Außerdem könnten Regierungen CBDC nutzen, um Finanztransaktionen stärker zu kontrollieren. So könnten Regierungen beispielsweise den Geldbetrag begrenzen, den Privatpersonen oder Unternehmen halten dürfen, oder sogar Transaktionen blockieren, die als illegal oder unerwünscht gelten. Dies könnte möglicherweise die individuellen Freiheiten verletzen und die finanzielle Flexibilität einschränken.

Ein weiteres Problem ist, dass die Einführung von CBDC es Cyberkriminellen leichter machen könnte, Zugang zu sensiblen Finanzdaten zu erhalten. Wenn das zentrale Hauptbuch nicht sicher ist, könnten Hacker Zugang zu sensiblen Finanzdaten erhalten und Privatpersonen und Unternehmen dem Risiko von Finanzbetrug und Identitätsdiebstahl aussetzen.

Darüber hinaus könnten die CBDC die finanzielle Ungleichheit verschärfen. Menschen, die keinen Zugang zu digitalen Geräten oder zuverlässigen Internetverbindungen haben, wären nicht in der Lage, an der digitalen Wirtschaft teilzuhaben, wodurch diejenigen, die ohnehin schon wirtschaftlich benachteiligt sind, noch weiter marginalisiert würden.

Kapitel 14: Operative und technische Herausforderungen

CBDC bietet zwar viele potenzielle Vorteile gegenüber der traditionellen Währung, stellt aber auch einige operative und technische Herausforderungen dar. Die Implementierung eines CBDC erfordert eine erhebliche Investition in Infrastruktur und Technologie sowie eine sorgfältige Abwägung verschiedener operativer Faktoren.

Eine der größten Herausforderungen bei der Implementierung von CBDC ist die Schaffung und Pflege einer sicheren und zuverlässigen digitalen Infrastruktur. Die digitale Infrastruktur muss so konzipiert sein, dass sie die sichere Speicherung und Übertragung von Geldern gewährleistet und gleichzeitig in der Lage ist, große Transaktionsvolumina effizient zu verarbeiten.

Eine weitere Herausforderung ist die Integration von CBDC in bestehende Zahlungssysteme. Die Einführung von CBDC würde erhebliche Änderungen an den Zahlungssystemen erfordern, um die neue Währung aufzunehmen, was zu technischen Schwierigkeiten und betrieblichen Ineffizienzen führen könnte. Die Interoperabilität von CBDC mit bestehenden Zahlungssystemen muss sichergestellt werden, um reibungslose und nahtlose Transaktionen zu gewährleisten.

Darüber hinaus erfordert die Implementierung von CBDC eine erhebliche Investition in die Entwicklung von regulatorischen und rechtlichen Rahmenbedingungen. Es muss klare Regeln und Vorschriften geben, die die Nutzung von CBDC regeln und sicherstellen, dass sie für legitime Zwecke genutzt werden und keine illegalen Aktivitäten wie Geldwäsche oder Terrorismusfinanzierung fördern. Klare rechtliche Rahmenbedingungen würden auch eine Rechtsgrundlage für die Beilegung von Streitigkeiten, die Verhinderung von Betrug und die Entschädigung für Verluste schaffen.

Schließlich erfordert die Umsetzung von CBDC das Vertrauen der Öffentlichkeit. Damit CBDC auf breiter Basis angenommen werden, muss die Öffentlichkeit Vertrauen in ihre Sicherheit, Zuverlässigkeit und Benutzerfreundlichkeit haben. Die Öffentlichkeit muss auch darauf vertrauen, dass die Zentralbank ihre Gelder schützt und jeden Missbrauch ihrer Finanzdaten verhindert.

Kapitel 15: Fragen zur Umsetzung und Annahme

Eine der größten Herausforderungen bei der Implementierung von CBDC ist die Koordination und Zusammenarbeit zwischen den verschiedenen Interessengruppen. Die Implementierung von CBDC erfordert die Beteiligung mehrerer Akteure, darunter Zentralbanken, Geschäftsbanken, Zahlungsdienstleister, Regulierungsbehörden und andere Finanzinstitute. Die Gewährleistung einer effektiven Koordination und Zusammenarbeit zwischen diesen Akteuren ist für die erfolgreiche Implementierung von CBDC unerlässlich.

Eine weitere Herausforderung ist die Standardisierung von CBDC. Die Standardisierung von CBDC ist entscheidend, um ihre Interoperabilität und Kompatibilität mit bestehenden Zahlungssystemen zu gewährleisten. Die Standardisierung würde auch dazu beitragen, grenzüberschreitende Transaktionen zu erleichtern und die Gesamteffizienz zu verbessern. Es könnte jedoch eine Herausforderung sein, einen Konsens über Standards und Protokolle zu erzielen, da die verschiedenen Rechtssysteme unterschiedliche Anforderungen und Präferenzen haben können.

Darüber hinaus ist die Akzeptanz der CBDC durch die Öffentlichkeit und die Unternehmen eine weitere große Herausforderung. Der Erfolg von CBDC hängt davon ab, dass sie von der Öffentlichkeit und den Unternehmen angenommen werden. Es kann jedoch schwierig sein, eine breite Akzeptanz zu erreichen, insbesondere in Regionen, in denen die Verwendung von Bargeld noch weit verbreitet ist. Außerdem zögern viele Menschen, neue Technologien anzunehmen, insbesondere wenn es um finanzielle Transaktionen geht.

Eine weitere Herausforderung ist die Integration von CBDC mit anderen Zahlungssystemen. CBDC müssen in bestehende Zahlungssysteme integriert werden, einschließlich digitaler Geldbörsen und mobiler Zahlungsplattformen. Diese Integration erfordert erhebliche Investitionen in Infrastruktur und Technologie sowie eine enge Zusammenarbeit mit Zahlungsdienstleistern und anderen Finanzinstituten.

Schließlich könnte die Einführung von CBDC erhebliche Auswirkungen auf den Finanzsektor haben, einschließlich der Geschäftsbanken und anderer Finanzinstitute. CBDC könnten die Geschäftsmodelle der Geschäftsbanken bedrohen, indem sie deren Rolle im Zahlungssystem reduzieren und den Wettbewerb verstärken. Dies könnte zu Arbeitsplatzverlusten und erheblichen Störungen im Finanzsektor führen.

Kapitel 16: Risiken der Zentralisierung

Einer der potenziellen Nachteile von CBDC ist das Risiko der Zentralisierung. CBDC sind so konzipiert, dass sie von Zentralbanken ausgegeben und kontrolliert werden, was ihnen eine erhebliche Kontrolle über das Finanzsystem geben kann. Die Zentralisierung mag zwar einige Vorteile haben, birgt aber auch einige Risiken, die die politischen Entscheidungsträger bei der Gestaltung und Umsetzung von CBDC berücksichtigen müssen.

Eines der Hauptrisiken der Zentralisierung ist das Potenzial für Machtmissbrauch. Die Zentralbanken könnten ihre Kontrolle über die CBDC nutzen, um die Wirtschaft oder die Finanzmärkte zu beeinflussen oder zu manipulieren. Beispielsweise könnten sie CBDC nutzen, um den Wert der Währung künstlich zu erhöhen oder zu senken, was erhebliche negative Auswirkungen auf Unternehmen und Privatpersonen haben könnte.

Ein weiteres Risiko ist das Potenzial für Datenschutzverletzungen oder Cyberangriffe. CBDC sind digitale Währungen, die in zentralisierten Datenbanken gespeichert werden. Diese zentrale Speicherung schafft eine einzelne Schwachstelle, die von Cyberkriminellen angegriffen werden könnte. Ein erfolgreicher Angriff könnte zum Verlust erheblicher Mengen an Vermögenswerten führen und schwerwiegende wirtschaftliche Folgen haben.

Die Zentralisierung birgt auch das Risiko der Diskriminierung. Zentralbanken können CBDC nutzen, um Transaktionen zu überwachen und zu kontrollieren, was zu einer Diskriminierung bestimmter Personen oder Gruppen führen könnte. So könnten Zentralbanken beispielsweise CBDC verwenden, um die Ausgabengewohnheiten von Einzelpersonen zu verfolgen oder Einzelpersonen aufgrund ihrer Kreditwürdigkeit oder anderer Faktoren Transaktionen zu verweigern.

Außerdem könnte eine Zentralisierung das Risiko eines Systemversagens mit sich bringen. Die Zentralbanken sind für die Aufrechterhaltung der Stabilität des Finanzsystems verantwortlich. Die zentralisierte Kontrolle der CBDC kann jedoch das Risiko eines Systemversagens im Falle einer Krise erhöhen. Sollte das zentralisierte System ausfallen, könnte dies erhebliche negative Auswirkungen auf die Wirtschaft und das Finanzsystem haben.

V. VERGLEICH VON CBDC MIT ANDEREN ZAHLUNGS-SYSTEMEN

Kapitel 17: Bargeld.

Kapitel 18: Traditionelle elektronische Zahlungssysteme.

Kapitel 19: Kryptowährungen.

Kapitel 17: Bargeld

Bargeld ist seit Jahrhunderten das traditionelle Zahlungsmittel. Es ist weithin akzeptiert, leicht übertragbar und erfordert keine technische Infrastruktur. Mit dem Aufkommen des digitalen Zahlungsverkehrs nimmt die Verwendung von Bargeld jedoch ab.

Einer der Hauptvorteile von Bargeld ist, dass es anonym ist. Mit Bargeld getätigte Transaktionen werden nicht aufgezeichnet, und die Identität des Zahlers wird nicht bekannt gegeben. Diese Anonymität bietet ein gewisses Maß an Privatsphäre, das für einige Nutzer wichtig ist. Im Gegensatz dazu sind CBDC wahrscheinlich vollständig rückverfolgbar, und die Identität des Zahlers ist bekannt. Dieser Mangel an Privatsphäre könnte für einige Nutzer, die Wert auf ihre Privatsphäre legen, ein Nachteil sein.

Ein weiterer Vorteil von Bargeld ist, dass es weithin akzeptiert wird. Es wird von fast allen Händlern akzeptiert und wird für alltägliche Transaktionen verwendet. CBDC befinden sich noch in der Entwicklungsphase und es kann einige Zeit dauern, bis sie allgemein akzeptiert werden.

Bargeld ist auch ein zuverlässiges Zahlungsmittel. Es ist nicht von der Verfügbarkeit einer technischen Infrastruktur abhängig und es besteht kein Risiko eines technischen Ausfalls. Im Gegensatz dazu sind CBDC von der technischen Infrastruktur abhängig und es besteht das Risiko eines technischen Ausfalls oder von Cyberangriffen, die das Zahlungssystem stören könnten.

Ein weiterer Vorteil von Bargeld ist, dass es kein Bankkonto erfordert. Jeder kann Bargeld verwenden, unabhängig davon, ob er ein Bankkonto hat oder nicht. Im Gegensatz dazu sind CBDC wahrscheinlich an ein Bankkonto oder eine Form von digitaler Brieftasche gebunden, wodurch Menschen, die keinen Zugang zu diesen Diensten haben, ausgeschlossen werden können.

Schließlich bietet Bargeld ein gewisses Maß an finanzieller Unabhängigkeit. Es wird nicht von einer zentralen Behörde kontrolliert und kann ohne Einschränkungen verwendet werden. Im Gegensatz dazu werden CBDC wahrscheinlich von Zentralbanken ausgegeben und kontrolliert, die ihre Verwendung einschränken können.

Kapitel 18: Traditionelle elektronische Zahlungssysteme

Traditionelle elektronische Zahlungssysteme wie Kredit- und Debitkarten, Banküberweisungen und elektronische Geldbörsen sind seit einigen Jahren weit verbreitet. Diese Zahlungssysteme sind mit der Entwicklung der Technologie immer ausgefeilter geworden und bieten mehrere Vorteile gegenüber Bargeld.

Einer der Hauptvorteile herkömmlicher elektronischer Zahlungssysteme ist ihre Bequemlichkeit. Sie ermöglichen es den Nutzern, Zahlungen schnell und einfach vorzunehmen, ohne dass physisches Bargeld benötigt wird. Im Gegensatz dazu können CBDC zusätzliche technische Infrastrukturen erfordern, wie z.B. digitale Geldbörsen oder mobile Apps, was ihren Komfort einschränken könnte.

Ein weiterer Vorteil der traditionellen elektronischen Zahlungssysteme ist ihre Interoperabilität. Sie können für Zahlungen über Grenzen hinweg und zwischen verschiedenen Zahlungssystemen verwendet werden, was sie zu einem nützlichen Instrument für den internationalen Handel macht. Im Gegensatz dazu werden CBDC wahrscheinlich von einzelnen Zentralbanken ausgegeben und kontrolliert, was ihre Interoperabilität einschränken kann.

Herkömmliche elektronische Zahlungssysteme werden von den Händlern ebenfalls weitgehend akzeptiert und sind ein Standardbestandteil der Zahlungsinfrastruktur. Diese weit verbreitete Akzeptanz bedeutet, dass sich die Nutzer nicht darum kümmern müssen, ob ein bestimmter Händler ein bestimmtes Zahlungssystem akzeptiert. Im Gegensatz dazu kann es einige Zeit dauern, bis CBDC allgemein akzeptiert werden und zusätzliche technische Infrastrukturen erfordern.

Schließlich sind die traditionellen elektronischen Zahlungssysteme den Nutzern vertraut und werden bereits seit mehreren Jahren verwendet. Diese Vertrautheit bedeutet, dass die Nutzer diesen Zahlungssystemen eher vertrauen und sie mit Zuversicht nutzen. Im Gegensatz dazu sind CBDC ein relativ neues Konzept, so dass die Nutzer möglicherweise zögern, sie zu nutzen, bis sie sich mit ihnen vertraut gemacht haben.

Kapitel 19: Kryptowährungen

Einer der Hauptvorteile von Kryptowährungen ist ihre Dezentralität. Sie werden nicht von einer zentralen Behörde wie einer Regierung oder einer Zentralbank kontrolliert, was sie immun gegen Eingriffe von Regierungen oder Banken macht.

Kryptowährungen bieten den Nutzern auch Anonymität und Privatsphäre. Transaktionen werden in einem öffentlichen Hauptbuch aufgezeichnet, aber die Identität der an der Transaktion beteiligten Parteien wird nicht preisgegeben. Diese Anonymität macht Kryptowährungen zu einer beliebten Wahl für diejenigen, die Wert auf ihre Privatsphäre legen. Im Gegensatz dazu können CBDC strengeren Vorschriften unterliegen und bieten möglicherweise nicht das gleiche Maß an Anonymität.

Ein weiterer Vorteil von Kryptowährungen ist ihre globale Reichweite. Sie können für grenzüberschreitende Zahlungen verwendet werden, ohne dass ein Währungsumtausch oder die Einschaltung von Vermittlern erforderlich ist. Im Gegensatz dazu können CBDC auf eine bestimmte Gerichtsbarkeit oder einen bestimmten Währungsraum beschränkt sein.

Kryptowährungen bieten auch ein hohes Maß an Sicherheit. Sie verwenden fortschrittliche Kryptographie, um Transaktionen vor Betrug und Diebstahl zu schützen, und ihr dezentraler Charakter macht es schwierig, sie zu hacken oder zu manipulieren.

Allerdings haben Kryptowährungen auch einige Nachteile. Sie sind einer hohen Volatilität unterworfen, was sie zu einer riskanten Anlagemöglichkeit macht. Ihre Anonymität macht sie auch für kriminelle Aktivitäten wie Geldwäsche und Terrorismusfinanzierung attraktiv.

Darüber hinaus kann die fehlende Regulierung und der fehlende rechtliche Rahmen die Akzeptanz bei Händlern und Finanzinstituten einschränken.

Im Gegensatz dazu unterliegen CBDC wahrscheinlich strengeren Vorschriften und bieten möglicherweise ein höheres Maß an Sicherheit und Stabilität. Aufgrund der Rückendeckung durch die Zentralbank und des rechtlichen Rahmens werden sie von Händlern und Finanzinstituten möglicherweise auch eher akzeptiert.

VI. FALLSTUDIEN ZUR CBDC-IMPLEMENTIERUNG

Kapitel 20: China.

Kapitel 21: Schweden.

Kapitel 22: Bahamas.

Kapitel 23: Nigeria.

Kapitel 24: Jamaika.

Kapitel 25: Frankreich.

Kapitel 20: China

China war einer der Pioniere bei der Entwicklung und Einführung einer digitalen Zentralbankwährung (CBDC), genannt Digital Currency Electronic Payment (DCEP). Das DCEP-Pilotprogramm wurde im Jahr 2020 gestartet und seitdem schrittweise auf weitere Regionen des Landes ausgeweitet.

Der DCEP soll als digitale Version des chinesischen Yuan (e-CNY) fungieren. Er soll Peer-to-Peer-Transaktionen erleichtern und die Abhängigkeit von Bargeld und anderen Formen der physischen Währung verringern.

Im Jahr 2021 werden Zehntausende von Geschäften und Unternehmen e-CNY akzeptieren. Fernüberweisungen werden bereits getestet. Geldautomaten in China können Fremdwährungen annehmen und in digitale Yuan umwandeln und sofort eine Plastikkarte und ein elektronisches Konto ausstellen, um sie zu verwenden.

Zu Beginn des Jahres 2022 haben 140 Millionen Nutzer Geldbörsen mit e-CNY eröffnet und 10 Milliarden Dollar an Transaktionen getätigt. 10 Millionen Firmenkonten sind eröffnet worden. 1,5 Millionen Unternehmer sind bereit, Zahlungen in digitalen Yuan zu akzeptieren.

Die Erprobung des e-CNY in der ersten Hälfte des Jahres 2022, zum Beispiel als Zahlungsmittel während der Olympischen Spiele in Peking, war beeindruckend erfolgreich.

Ab 2023 ist das DCEP weitgehend eingeführt, und Berichten zufolge wird es von chinesischen Bürgern für verschiedene Arten von Transaktionen genutzt.

Der offizielle Starttermin ist noch nicht bekannt gegeben worden, so dass sich das chinesische CBDC (DCEP) noch in einer Pilotversion befindet.

Allerdings verwenden 31 Provinzen/autonome Regionen den digitalen Yuan. 5 Millionen Unternehmer akzeptieren ihn als Zahlungsmittel. Die Verbraucher haben 260 Millionen Transaktionen durchgeführt.

Kapitel 21: Schweden

Schweden ist eines der Länder mit der geringsten Verwendung von Bargeld in der Welt, was es dem Land erleichtert hat, eine e-Krona zu entwickeln. Die Schwedische Reichsbank führt von Februar 2020 bis Februar 2021 ein Pilotprojekt für eine digitale Währung durch.

Die schwedische Zentralbank, Riksbank, hat die Möglichkeit der Ausgabe einer e-Krona, einer digitalen Version der schwedischen Währung, geprüft. Im Jahr 2017 startete die Riksbank ein Pilotprogramm, um die Machbarkeit einer e-Krona zu testen, und im Jahr 2020 veröffentlichte die Bank einen Bericht über die mögliche Einführung einer e-Krona.

Die nächste Phase des e-Krona-Projekts der Riksbank im Jahr 2023 wird mehrere Aktivitäten umfassen, darunter:

- Untersuchung der Auswirkungen einer e-Krona auf die schwedische Wirtschaft.
- Durchführung von Tests der technischen Infrastruktur für die e-Krona, mit Schwerpunkt auf Offline-Zahlungen und Nachhaltigkeit.
- Prüfung, ob und wie sich die Einführung einer e-Krona auf das bestehende Mandat der Riksbank auswirken würde, und Bestimmung der notwendigen rechtlichen Änderungen, die erforderlich sind, damit die Riksbank eine e-Krona ausgeben kann.
- Aufnahme eines Dialogs mit verschiedenen Interessengruppen, wie anderen Behörden und dem Markt, durch das 2022 eingerichtete externe Dialogforum.
- Durchführung von Nutzerstudien, die sich sowohl an Endnutzer als auch an Händler richten.
- Vorbereitung auf die mögliche Beschaffung einer ausgabefähigen e-Krona.

Kapitel 22: Bahamas

Die Bahamas sind ein kleiner Inselstaat in der Karibik, der vor kurzem ein CBDC namens Sand Dollar eingeführt hat. Der Sand Dollar ist an den bahamaischen Dollar gekoppelt, der wiederum an den US-Dollar gekoppelt ist, und ist der erste CBDC, der weltweit eingeführt wurde.

Der Sand Dollar wurde im Oktober 2020 eingeführt und soll ein sicheres und effizientes Zahlungssystem bieten, das für alle Mitglieder der Gesellschaft zugänglich ist. Die Central Bank of the Bahamas (CBOB) hat betont, dass der Sand Dollar nicht als Ersatz für Bargeld gedacht ist, sondern als Ergänzung dazu. Er bietet eine digitale Zahlungsoption, die sicher und bequem ist.

Einer der Hauptgründe für die Einführung des Sand Dollar ist die Verbesserung der finanziellen Integration. Die Bahamas sind ein Land mit einem hohen Anteil an Bargeldnutzung und viele Mitglieder der Gesellschaft haben keinen Zugang zu traditionellen Bankdienstleistungen. Der Sand Dollar wurde entwickelt, um ein sicheres und effizientes Zahlungssystem zu bieten, das allen Mitgliedern der Gesellschaft zugänglich ist, auch denjenigen, die von den traditionellen Finanzinstituten unterversorgt sind.

Ein weiterer Grund für die Einführung des Sand Dollar ist die Reduzierung der Kosten und Risiken, die mit Bargeldtransaktionen verbunden sind. Das CBOB schätzt, dass Bargeldtransaktionen das Land jährlich rund 60 Millionen Dollar an Bearbeitungs-, Lagerungs- und Sicherheitskosten kosten. Der Sand Dollar soll diese Kosten senken und ein effizienteres Zahlungssystem für das Land schaffen.

Die Einführung des Sand Dollar war nicht ohne Herausforderungen. Die CBOB musste sich mit Bedenken hinsichtlich des Datenschutzes und der Sicherheit der Nutzer sowie mit Bedenken hinsichtlich der Auswirkungen auf den traditionellen Bankensektor auseinandersetzen. Die CBOB hat betont, dass der Sand Dollar als Ergänzung zu den traditionellen Bankdienstleistungen gedacht ist und diese nicht ersetzen soll.

Insgesamt ist die Einführung des Sand Dollar auf den Bahamas ein wichtiger Meilenstein in der Entwicklung der CBDC.

Kapitel 23: Nigeria

Nigeria ist ein großes Land in Westafrika mit einer Bevölkerung von über 200 Millionen Menschen. In Nigeria wird sehr viel Bargeld verwendet. Im Februar 2021 führte die Central Bank of Nigeria (CBN) den vielbeachteten eNaira ein, die erste CBDC auf dem afrikanischen Kontinent.

Obwohl es sich bei eNaira um ein Pilotprojekt handelt, steht es der Öffentlichkeit vollständig offen, obwohl es zunächst nur für Inhaber von Bankkonten verfügbar war. Laut Nigerian Business Day sind derzeit nur 80 Anbieter aktiv, die sich auf einen Mangel an Nachfrage berufen.

Was die Ergebnisse der Einführung betrifft, so liegen für das Jahr 2022 nicht genügend Informationen vor. Laut dem Gouverneur der nigerianischen Zentralbank wurde der eNaira jedoch entwickelt, um die Kosten für das Bargeldmanagement zu senken, die finanzielle Integration zu verbessern und grenzüberschreitende Transaktionen effizienter und sicherer zu machen.

Es ist erwähnenswert, dass die Einführung der eNaira mit einigen anfänglichen Herausforderungen zu kämpfen hatte, darunter Schwierigkeiten bei der Registrierung für die digitale Währung und lange Wartezeiten für die Bestätigung von Transaktionen.

Obwohl die eNaira-App bereits 764.000 Mal heruntergeladen wurde, hat fast die Hälfte von ihnen sie noch nie benutzt. Die Zentralbank hat weniger als ein Drittel der geladenen Zahl registriert und 168.300 Konten sind aktiv. Allerdings haben nur 18.460 Personen ihre Geldbörsen aufgeladen, darunter 80 Händler.

Nur 1 von 200 Nigerianern verwendet eNaira, so Bloomberg. Und das, nachdem die Regierung Rabatte und andere Anreize als verzweifelte Maßnahme eingeführt hat, um die Aufmerksamkeit auf die digitale Währung zu lenken.

Nigerianer bevorzugen den Stablecoin Tether (USDT).

Kapitel 24: Jamaika

Jamaika ist ein kleiner Inselstaat in der Karibik mit einer Bevölkerung von etwa 2,9 Millionen Menschen. Im August 2020 gab die Bank of Jamaica (BOJ) bekannt, dass sie sich mit dem globalen Technologieunternehmen eCurrency Mint Inc. zusammengetan hat, um mit dem Test eines CBDC zu beginnen.

Die Bank of Jamaica (BOJ) hat im März 2021 in ihrer Fintech Regulatory Sandbox erfolgreich ein Pilotprojekt für ihre digitale Zentralbankwährung (Central Bank Digital Currency, CBDC) mit dem Anbieter eCurrency Mint Inc. abgeschlossen. Die BOJ hatte im Juli 2020 eine Interessenbekundung herausgegeben, in der Technologieanbieter aufgefordert wurden, Vorschläge für die Unterstützung des Tests einer CBDC-Lösung in ihrer Fintech Regulatory Sandbox einzureichen. Die BOJ ist eine Partnerschaft mit eCurrency eingegangen, um die Ausgabe und den Vertrieb von CBDC in einer öffentlich-privaten Partnerschaft in Jamaika zu ermöglichen. Die eCurrency-Lösung ermöglicht der Zentralbank die Ausgabe von gesetzlichen Zahlungsmitteln als Inhaberinstrument in digitaler Form unter Verwendung des Jamaikanischen Dollars (JMD).

Der Minister für Finanzen und den öffentlichen Dienst, Dr. Nigel Clarke, kündigte an, dass das CBDC der BOJ mit dem Namen JAM-DEX bis Anfang 2022 eingeführt werden soll. Die BOJ wird ihre Rolle als alleiniger Emittent der nationalen Währung beibehalten und gleichzeitig regulierten Finanzinstituten, einschließlich Geschäftsbanken und Zahlungsdienstleistern, die Möglichkeit geben, das CBDC zu nutzen.

Es wurden keine spezifischen Informationen über die Ergebnisse der CBDC-Einführung in Jamaika gefunden. Eine im Jahr 2021 durchgeführte Umfrage ergab jedoch, dass 85% der befragten Zentralbanken die Vor- und Nachteile von CBDC untersuchen, was auf ein wachsendes Interesse an der Einführung von CBDC in vielen Ländern hinweist. Darüber hinaus beinhaltet die Implementierung von Girokonten ein komplexes Gleichgewicht aus Kooperation und Wettbewerb zwischen der Zentralbank und privaten Zahlungsdienstleistern.

Insgesamt deuten die verfügbaren Suchergebnisse im Internet darauf hin, dass die Umsetzung des CBDC in Jamaika gut vorankommt und das Interesse anderer Länder geweckt hat, aber spezifische Informationen über die Ergebnisse der Umsetzung sind nicht ohne weiteres verfügbar.

Kapitel 25: Frankreich

Frankreich arbeitet schon seit geraumer Zeit aktiv an der Einführung einer digitalen Zentralbankwährung (Central Bank Digital Currency, CBDC), wobei die Banque de France an der Spitze der Bemühungen steht. Hier finden Sie eine Zusammenfassung der verfügbaren Informationen über die Umsetzung von CBDC in Frankreich und die Ergebnisse dieser Umsetzung bis März 2023:

Implementierung von CBDC in Frankreich:

- Die Banque de France hat im März 2020 ein CBDC-Programm für den Großhandel aufgelegt, in dessen Mittelpunkt das Experimentieren mit einem digitalen Euro für Großhandelszwecke steht.
- Die Banque de France führte im Juni 2021 erfolgreich ein CBDC-Experiment mit einer Gruppe von Wirtschaftsakteuren durch, das von Euroclear gesteuert wurde. Das Experiment bestand darin, die Emission und Zeichnung von Staatsanleihen auf einer zugelassenen Blockchain unter Verwendung eines CBDC zu simulieren.
- Die Banque de France hat die erste Phase ihres CBDC-Programms für Großkunden abgeschlossen und im November 2021 einen Bericht über die Ergebnisse veröffentlicht. Der Bericht hebt die Vor- und Nachteile von CBDC hervor und gibt Einblicke in mögliche Anwendungsfälle.

Ergebnisse der CBDC-Implementierung in Frankreich ab März 2023:

- Die Banque de France hat sich zum Ziel gesetzt, bis 2023 ein funktionsfähiges CBDC für den Großhandel bereitzustellen und hat ihre Bemühungen in dieser Hinsicht verstärkt.
- Die Banque de France hat die Verwendung von CBDC für die Abwicklung digitaler Anleihen der Europäischen Investitionsbank auf einer Blockchain erfolgreich getestet. Dabei haben Anleger digitale Anleihen der EIB im Gesamtwert von 100 Millionen Euro gezeichnet.
- Es ist jedoch noch nicht klar, wie sich die Umsetzung des CBDC in Frankreich im Jahr 2023 auswirken wird, da sich die Banque de France noch in der Versuchsphase befindet und die Umsetzung des CBDC ein komplexer Prozess ist, der eine sorgfältige Abwägung verschiedener Faktoren erfordert.

Zusammenfassend lässt sich sagen, dass Frankreich aktiv an der Umsetzung des CBDC gearbeitet hat, wobei die Banque de France die Bemühungen anführt. Die Banque de France möchte bis 2023 ein funktionsfähiges CBDC für den Großhandel bereitstellen. Es ist jedoch noch nicht klar, welche Auswirkungen die Umsetzung des CBDC in Frankreich im Jahr 2023 haben wird.

VII. REGULATORISCHE FRAGEN UND HERAUSFORDE-RUNGEN

Kapitel 26: Rechtliche und regulatorische Rahmenbedingungen.

Kapitel 27: Grenzüberschreitende Transaktionen und Interoperabilität.

Kapitel 28: Internationale Zusammenarbeit und Koordination.

Kapitel 26: Rechtliche und regulatorische Rahmenbedingungen

Eine der wichtigsten regulatorischen Fragen und Herausforderungen im Zusammenhang mit der Einführung von CBDC ist der rechtliche und regulatorische Rahmen für ihre Verwendung. Im Gegensatz zu traditionellen Währungen, die von einer Zentralbank gestützt werden und einem etablierten rechtlichen und regulatorischen Rahmen unterliegen, sind CBDC eine relativ neue und unerprobte Form der Währung, die eine einzigartige Reihe von Vorschriften und Gesetzen erfordert.

Eine der größten Herausforderungen in dieser Hinsicht ist die Bestimmung des rechtlichen Status von CBDC. Derzeit erkennen die meisten Rechtssysteme digitale Währungen nicht als gesetzliches Zahlungsmittel an, so dass es an rechtlicher Klarheit über die Verwendung und Regulierung von CBDC mangelt. Dies kann es für Unternehmen und Privatpersonen schwierig machen, ihre Rechte und Pflichten bei der Verwendung von CBDC zu verstehen.

Eine weitere regulatorische Frage im Zusammenhang mit CBDC ist die Sicherstellung, dass sie mit bestehenden Gesetzen und Vorschriften übereinstimmen, wie z.B. den Anforderungen zur Bekämpfung der Geldwäsche (anti money laundering, AML[10]) und der Kenntnis der Kunden (know your customer, KYC[11]). Da es sich bei CBDC um eine relativ neue Form der Wäh-

---

[10] AML steht für Anti-Geldwäsche und bezieht sich auf die Gesetze, Vorschriften und Verfahren, die von Regierungen und Finanzinstituten eingeführt wurden, um Aktivitäten zu verhindern, aufzudecken und zu melden, bei denen illegal erworbene Gelder oder Vermögenswerte verschleiert werden. Geldwäsche ist der Prozess, bei dem Kriminelle versuchen, ihr illegal erworbenes Geld als legitim erscheinen zu lassen, indem sie in der Regel eine Reihe von Transaktionen oder Investitionen nutzen, um die Herkunft der Gelder zu verschleiern. Die AML-Vorschriften sollen dies verhindern, indem sie von den Finanzinstituten verlangen, ihre Kunden mit der gebotenen Sorgfalt zu prüfen, Transaktionen auf verdächtige Aktivitäten zu überwachen und verdächtige Transaktionen oder Verhaltensweisen den zuständigen Behörden zu melden. Das Ziel der AML ist es, die Nutzung des Finanzsystems für illegale Aktivitäten zu verhindern und die Integrität des Finanzsystems als Ganzes zu schützen.

[11] KYC steht für Know Your Customer (Kenne deinen Kunden) und bezieht sich auf das Verfahren, mit dem Unternehmen die Identität ihrer Kunden oder Klienten überprüfen. Der Zweck von KYC ist es, Identitätsdiebstahl, Betrug, Geldwäsche und andere illegale Aktivitäten zu verhindern, indem sichergestellt wird, dass die Kunden die sind, die sie vorgeben zu sein. KYC umfasst in der Regel das Sammeln und Überprüfen von persönlichen Informationen wie Name, Adresse, Geburtsdatum und von der Regierung ausgestellte Ausweisdokumente. Diese Informationen werden verwendet, um das Risikoprofil

rung handelt, gibt es möglicherweise Lücken in den bestehenden AML/KYC-Vorschriften, die geschlossen werden müssen, um sicherzustellen, dass CBDC nicht für illegale Aktivitäten wie Geldwäsche und Terrorismusfinanzierung verwendet werden.

Darüber hinaus muss der regulatorische Rahmen für CBDC sicherstellen, dass sie mit bestehenden Zahlungssystemen interoperabel sind, sowohl im Inland als auch international. Dies erfordert die Koordination und Zusammenarbeit zwischen Zentralbanken, Finanzinstituten und Aufsichtsbehörden, um gemeinsame Standards und Protokolle für die Nutzung und den Austausch von CBDC festzulegen.

Schließlich müssen die regulatorischen Rahmenbedingungen auch die Bedenken hinsichtlich des Datenschutzes berücksichtigen, die mit der Verwendung von CBDC verbunden sind. Wie bereits erwähnt, haben CBDC das Potenzial, den Nutzern mehr finanzielle Privatsphäre zu bieten, aber es besteht auch das Risiko, dass sie für illegale Aktivitäten genutzt werden. Daher müssen die regulatorischen Rahmenbedingungen ein Gleichgewicht finden, das sicherstellt, dass die CBDC für legitime Zwecke genutzt werden und gleichzeitig die Datenschutzrechte der Nutzer schützt.

---

des Kunden zu bewerten und den Grad der erforderlichen Sorgfaltspflicht zu bestimmen. KYC-Vorschriften sind in der Regel in der Finanzdienstleistungsbranche zu finden, werden aber auch in anderen Sektoren wie Telekommunikation, Glücksspiel und E-Commerce angewendet.

Kapitel 27: Grenzüberschreitende Transaktionen und Interoperabilität

Grenzüberschreitende Transaktionen und Interoperabilität sind eine weitere Reihe von regulatorischen Fragen und Herausforderungen im Zusammenhang mit der Einführung von Zentralbank-Digitalwährungen (CBDC). Zentralbank-Digitalwährungen haben das Potenzial, grenzüberschreitende Transaktionen zu erleichtern. Dies erfordert jedoch die Koordination und Zusammenarbeit zwischen Zentralbanken und Regulierungsbehörden in verschiedenen Ländern.

Eine der größten Herausforderungen in diesem Zusammenhang ist die Gewährleistung der Interoperabilität zwischen verschiedenen GVO-Systemen. Interoperabilität bezieht sich auf die Fähigkeit verschiedener CBDC-Systeme, nahtlos zusammenzuarbeiten, so dass Benutzer über verschiedene Systeme hinweg Transaktionen durchführen können. Dies erfordert die Festlegung gemeinsamer Standards und Protokolle für die Nutzung und den Austausch von Zentralverwahrern sowie die Koordinierung zwischen Zentralbanken und Aufsichtsbehörden in verschiedenen Gerichtsbarkeiten.

Darüber hinaus werfen grenzüberschreitende Transaktionen, an denen Zentralverwahrer beteiligt sind, eine Reihe von aufsichtsrechtlichen Fragen im Zusammenhang mit der Bekämpfung der Geldwäsche (AML) und den Anforderungen an die Kenntnis der Kunden (KYC) auf.

Ein weiteres regulatorisches Problem im Zusammenhang mit grenzüberschreitenden Transaktionen und Interoperabilität ist die Notwendigkeit, Mechanismen zur Beilegung von Streitigkeiten und zur Durchsetzung rechtlicher Vereinbarungen zwischen Parteien in verschiedenen Rechtsordnungen zu schaffen. Dies erfordert die Koordinierung und Zusammenarbeit zwischen den Rechtssystemen und Regulierungsbehörden in den verschiedenen Ländern, um sicherzustellen, dass Streitigkeiten effizient und effektiv beigelegt werden können.

Schließlich müssen die regulatorischen Rahmenbedingungen auch die potenziellen Auswirkungen von CBDC auf die Stabilität des globalen Finanzsystems berücksichtigen. Da Zentralverwahrer das Potenzial haben, bestehende Finanzsysteme zu stören und neue Formen des Wettbewerbs zu schaffen, muss sichergestellt werden, dass Zentralverwahrer auf eine Weise in das bestehende Finanzsystem integriert werden, die die Finanzstabilität unterstützt und systemische Risiken verhindert.

Kapitel 28: Internationale Zusammenarbeit und Koordination

Internationale Zusammenarbeit und Koordination sind entscheidende regulatorische Fragen und Herausforderungen im Zusammenhang mit der Einführung von Zentralbank-Digitalwährungen (CBDC). Da CBDC das Potenzial haben, das globale Finanzsystem und grenzüberschreitende Transaktionen zu beeinflussen, sind Koordination und Kooperation zwischen Zentralbanken und Regulierungsbehörden in verschiedenen Ländern unerlässlich.

Eine der größten Herausforderungen in diesem Zusammenhang ist die Notwendigkeit, gemeinsame Standards und Protokolle für die Verwendung und den Austausch von CBDC über verschiedene Rechtsordnungen hinweg festzulegen. Dies erfordert die Koordination und Zusammenarbeit zwischen Zentralbanken, Finanzinstituten und Aufsichtsbehörden in verschiedenen Ländern, um sicherzustellen, dass CBDC nahtlos und sicher über die Grenzen hinweg verwendet werden können.

Da CBDC das Potenzial haben, bestehende Finanzsysteme zu stören und neue Formen des Wettbewerbs zu schaffen, besteht ein Bedarf an internationaler Zusammenarbeit und Koordination, um sicherzustellen, dass CBDC auf eine Weise in das bestehende Finanzsystem integriert werden, die die Finanzstabilität unterstützt und systemische Risiken verhindert.

Darüber hinaus sind internationale Zusammenarbeit und Koordination wichtig, um regulatorische Fragen im Zusammenhang mit der Bekämpfung der Geldwäsche (AML) und den Anforderungen an die Kundenkenntnis (KYC) anzugehen. Da es sich bei CBDC um eine relativ neue Form der Währung handelt, gibt es möglicherweise Lücken in den bestehenden AML/KYC-Vorschriften, die geschlossen werden müssen, um sicherzustellen, dass CBDC nicht für illegale Aktivitäten wie Geldwäsche und Terrorismusfinanzierung verwendet werden. Internationale Zusammenarbeit und Koordination können dabei helfen, gemeinsame Standards und bewährte Praktiken für AML/KYC-Vorschriften in Bezug auf CBDC zu etablieren.

Schließlich sind auch die internationale Zusammenarbeit und Koordination wichtig, um Fragen des Datenschutzes und der Sicherheit zu klären. Da CBDC den Einsatz digitaler Technologien und den Austausch sensibler Finanzdaten beinhalten, besteht ein Bedarf an internationalen Standards und Protokollen, um sicherzustellen, dass CBDC sicher sind und die Privatsphäre der Nutzer schützen.

VIII. ZUKUNFT DES CBDC

Kapitel 29: Mögliche Auswirkungen auf das globale Finanzsystem.

Kapitel 30: Chancen und Herausforderungen für Schwellenländer.

Kapitel 31: Chancen und Herausforderungen für fortgeschrittene Volkswirtschaften.

Kapitel 32: Technologischer Fortschritt und Innovation.

Kapitel 29: Mögliche Auswirkungen auf das globale Finanzsystem

Die Zukunft der digitalen Zentralbankwährungen (CBDC) ist ein Thema, über das viel diskutiert und spekuliert wird. Während CBDC das Potenzial haben, das globale Finanzsystem zu verändern, gibt es auch Bedenken über ihre möglichen Auswirkungen auf die Finanzstabilität und die Privatsphäre der Nutzer.

Eine mögliche Auswirkung von CBDC auf das globale Finanzsystem ist das Potenzial für eine stärkere finanzielle Eingliederung. CBDC haben das Potenzial, Menschen, die derzeit keine oder zu wenige Banken haben, Zugang zu Finanzdienstleistungen zu verschaffen, was dazu beitragen könnte, die Armut zu verringern und das Wirtschaftswachstum zu fördern.

Da CBDC digital sind und ohne Zwischenhändler ausgetauscht werden können, könnten sie dazu beitragen, die Transaktionskosten zu senken und die Geschwindigkeit von Transaktionen zu erhöhen, was Unternehmen und Verbrauchern gleichermaßen zugute kommen könnte.

Es gibt jedoch auch Bedenken hinsichtlich der potenziellen Risiken, die mit CBDC verbunden sind. Eine Sorge ist das Potenzial für eine erhöhte finanzielle Instabilität, wenn die CBDC Bargeld und Bankeinlagen als Wertaufbewahrungsmittel ersetzen würden. Dies könnte zu einem Rückgang der Nachfrage nach Bankeinlagen führen, was wiederum die für die Kreditvergabe der Banken zur Verfügung stehenden Mittel verringern könnte, was möglicherweise zu einer Kreditklemme und finanzieller Instabilität führen könnte.

Eine weitere Sorge sind die möglichen Auswirkungen von CBDC auf die Geldpolitik. CBDC könnten es den Zentralbanken möglicherweise erschweren, die Geldpolitik umzusetzen, da sie die Wirksamkeit traditioneller geldpolitischer Instrumente wie Zinsanpassungen untergraben könnten.

Der Schutz der Privatsphäre ist ein weiteres wichtiges Anliegen im Zusammenhang mit der Zukunft der CBDC. CBDC haben zwar das Potenzial, im Vergleich zu herkömmlichen Zahlungsmethoden mehr Privatsphäre und Sicherheit zu bieten, aber es gibt auch Bedenken, dass Regierungen und Zentralbanken die Nutzung von CBDC überwachen und verfolgen und damit möglicherweise die Datenschutzrechte der Nutzer verletzen könnten.

Kapitel 30: Chancen und Herausforderungen für Schwellenländer

Mit der zunehmenden Verbreitung von Zentralbank-Digitalwährungen (CBDC) können sich für Schwellenländer sowohl Chancen als auch Herausforderungen ergeben. Hier sind einige der möglichen Auswirkungen von CBDC auf diese Volkswirtschaften.

Möglichkeiten:

- Verbesserte finanzielle Eingliederung: CBDC können dazu beitragen, die finanzielle Eingliederung in Schwellenländern zu verbessern, indem sie eine kostengünstige Alternative zu traditionellen Banksystemen bieten. Sie können auch dazu beitragen, Bevölkerungsgruppen zu erreichen, die keine oder nur wenige Banken haben, indem sie digitale Zahlungslösungen anbieten, ohne dass sie Zugang zu einem traditionellen Bankkonto benötigen.
- Effizientere Zahlungssysteme: CBDC können schnellere, billigere und effizientere Zahlungssysteme für Schwellenländer bereitstellen. Dies kann dazu beitragen, die Kosten und den Zeitaufwand für grenzüberschreitende Transaktionen zu senken, was besonders für kleine Unternehmen und Privatpersonen wichtig ist, die auf Überweisungen angewiesen sind.
- Bessere Geldpolitik: CBDC können den Zentralbanken eine bessere Kontrolle über die Geldpolitik ermöglichen. Durch die direkte Verbindung zur Geldpolitik der Zentralbank können die CBDC ein effektiveres Instrument zur Umsetzung und Anpassung der Geldpolitik darstellen.

Herausforderungen:

- Technische Infrastruktur: Schwellenländer verfügen möglicherweise nicht über die notwendige technische Infrastruktur, um die Implementierung von CBDC zu unterstützen. Die digitale Infrastruktur erfordert möglicherweise erhebliche Investitionen, um sicherzustellen, dass die CBDC für alle Bevölkerungsgruppen zugänglich sind und von ihnen genutzt werden können.
- Finanzielle Stabilität: CBDC könnten das Finanzsystem der Schwellenländer potenziell destabilisieren. Sie könnten zu einer Verschiebung des Machtgleichgewichts zwischen Geschäftsbanken und Zentralbanken führen, was die Stabilität des Bankensektors beeinträchtigen könnte.
- Regulatorische Rahmenwerke: Schwellenländer müssen möglicherweise

einen regulatorischen Rahmen schaffen, um die ordnungsgemäße Nutzung und Verwaltung von CBDC sicherzustellen. Dazu gehören Themen wie Cybersicherheit[12], Datenschutz und Geldwäsche.

- <u>Kosten und Finanzierung</u>: Die Entwicklung und Umsetzung von CBDC könnte erhebliche Investitionen und Finanzmittel erfordern, was für Schwellenländer mit begrenzten Ressourcen eine Herausforderung darstellen kann.
- <u>Wechselkursschwankungen</u>: Schwellenländer könnten Wechselkursschwankungen ausgesetzt sein, wenn sich ihre CBDC international durchsetzen. Diese Schwankungen könnten ihren Handel und ihre wirtschaftliche Stabilität beeinträchtigen.

Insgesamt kann die Einführung von CBDC in Schwellenländern mehrere Vorteile bieten, darunter eine stärkere finanzielle Integration, effizientere Zahlungssysteme und eine verbesserte Geldpolitik. Diese Vorteile müssen jedoch gegen die potenziellen Herausforderungen abgewogen werden, einschließlich der Notwendigkeit einer technischen Infrastruktur, eines regulatorischen Rahmens und der Finanzierung. CBDC stellen einen bedeutenden Wandel in der Finanzlandschaft dar und erfordern eine sorgfältige Prüfung und Planung für die Schwellenländer.

---

12 Cybersicherheit bezieht sich auf die Praktiken, Technologien und Maßnahmen, die zum Schutz von Computern, Netzwerken, Daten und anderen digitalen Vermögenswerten vor unbefugtem Zugriff, Nutzung, Diebstahl, Beschädigung oder anderen Formen von Cyberbedrohungen eingesetzt werden.

Kapitel 31: Chancen und Herausforderungen für fortgeschrittene Volkswirtschaften

Digitale Zentralbankwährungen (CBDC) ziehen die Aufmerksamkeit von politischen Entscheidungsträgern und Finanzinstituten auf der ganzen Welt auf sich. Fortgeschrittene Volkswirtschaften wie die Vereinigten Staaten, die Europäische Union und Japan haben die potenziellen Vorteile und Herausforderungen von CBDC erforscht. In diesem Kapitel werden wir die Chancen und Herausforderungen erörtern, denen sich fortgeschrittene Volkswirtschaften bei der Einführung von CBDC gegenübersehen könnten.

Chancen für fortgeschrittene Volkswirtschaften:

- Verbesserung der Finanzstabilität: CBDC können zur Stabilität des Finanzsystems beitragen, indem sie das Risiko von Bank-Runs verringern und die Wirksamkeit der Geldpolitik erhöhen. In Krisenzeiten können die Zentralbanken CBDC nutzen, um die Wirtschaft schnell und effizient mit Liquidität zu versorgen.

- Verbesserung der Zahlungssysteme: Fortschrittliche Volkswirtschaften können CBDC nutzen, um ihre Zahlungssysteme zu verbessern und sie schneller, billiger und sicherer zu machen. CBDC können auch dazu beitragen, die Abhängigkeit von Bargeld zu verringern, was die finanzielle Eingliederung verbessern und die Schattenwirtschaft reduzieren kann.

- Unterstützung von Innovationen: CBDC können Innovationen in der Finanzindustrie fördern, indem sie eine Plattform für neue Zahlungssysteme und Finanzprodukte bieten. CBDC können auch zu einem besseren Verständnis der Funktionsweise digitaler Währungen und ihrer potenziellen Auswirkungen auf die Wirtschaft beitragen.

- Stärkung der Geldpolitik: CBDC können den Zentralbanken helfen, ihre Geldpolitik effektiver umzusetzen. CBDC können genauere und Echtzeit-Daten über die Wirtschaft liefern, so dass die Zentralbanken besser informierte Entscheidungen treffen können.

Herausforderungen für fortgeschrittene Volkswirtschaften:

- Implementierung und Annahme: Die Implementierung von CBDC erfordert erhebliche Investitionen in Technologie und Infrastruktur. In fortgeschrittenen Volkswirtschaften kann die Einführung von CBDC aufgrund von Bedenken hinsichtlich der Sicherheit, des Schutzes der Privatsphäre und der Regulierung ebenfalls eine Herausforderung darstellen.

- Störung des Finanzsystems: CBDC haben das Potenzial, das bestehende Finanzsystem, insbesondere das Bankensystem, zu stören. Die Banken könnten mit einer Verringerung ihrer Einlagenbasis konfrontiert werden, was zu einem Rückgang der Kreditvergabekapazität führen könnte.

- Grenzüberschreitende Transaktionen: CBDC können bei grenzüberschreitenden Transaktionen mit erheblichen Herausforderungen konfrontiert werden, wie z.B. Interoperabilitätsproblemen, regulatorischen Unterschieden und politischen Konflikten.

- Bedenken bezüglich des Datenschutzes: CBDC werfen Bedenken hinsichtlich des Datenschutzes bei Finanztransaktionen von Einzelpersonen auf. Die fortgeschrittenen Volkswirtschaften müssen Vorschriften zum Schutz der Privatsphäre entwickeln, um diese Bedenken auszuräumen.

Die Einführung von CBDC ist eine komplexe und schwierige Aufgabe für fortgeschrittene Volkswirtschaften. Die potenziellen Vorteile von CBDC, wie die Erhöhung der Finanzstabilität, die Verbesserung der Zahlungssysteme, die Unterstützung von Innovationen und die Stärkung der Geldpolitik, sind jedoch erheblich. Um die Herausforderungen der CBDC zu meistern, müssen die fortgeschrittenen Volkswirtschaften einen umfassenden regulatorischen Rahmen entwickeln, in Technologie und Infrastruktur investieren und die internationale Zusammenarbeit und Koordination fördern.

Kapitel 32: Technologischer Fortschritt und Innovation

Die Entwicklung und Umsetzung von CBDC hängt stark von technologischen Fortschritten und Innovationen ab. In diesem Kapitel werden wir uns mit den technologischen Fortschritten und Innovationen befassen, die die Zukunft von CBDC prägen. In diesem Kapitel werden wir uns mit den technologischen Fortschritten und Innovationen befassen, die die Zukunft von CBDC prägen.

Blockchain Technologie

Einer der wichtigsten technologischen Fortschritte, die die Entwicklung von CBDC ermöglicht haben, ist die Blockchain-Technologie. Blockchain ist ein dezentralisiertes und verteiltes digitales Hauptbuch, das sichere und transparente Transaktionen ermöglicht, ohne dass Vermittler wie Banken oder andere Finanzinstitute erforderlich sind. Diese Technologie wird bereits in verschiedenen Kryptowährungen wie Bitcoin, Lightcoin, Ethereum[13] und anderen eingesetzt.

CBDC können die Blockchain-Technologie nutzen, um schnelle, sichere und kostengünstige Transaktionen zu ermöglichen und gleichzeitig Transparenz und Unveränderlichkeit zu gewährleisten. Der Einsatz der Blockchain-Technologie kann auch das Risiko von Betrug und Fälschungen verringern, da Transaktionen in Echtzeit validiert und aufgezeichnet werden.

Intelligente Verträge

Intelligente Verträge sind selbstausführende Computerprogramme, die die Bedingungen eines Vertrags automatisch ausführen können, wenn vordefinierte Bedingungen erfüllt sind. Sie ermöglichen die Automatisierung verschiedener Prozesse und machen den Einsatz von Vermittlern wie Anwälten oder anderen Drittparteien überflüssig.

CBDC können Smart Contracts nutzen, um verschiedene Finanztransaktionen wie Zahlungen, Kredite und andere finanzielle Vereinbarungen zu automatisieren. Dies kann die Kosten und den Zeitaufwand für traditionelle Finanztransaktionen reduzieren und gleichzeitig die Sicherheit und Transparenz erhöhen.

---

13 Ethereum ist eine Open-Source-Blockchain-basierte Plattform, die es Entwicklern ermöglicht, dezentrale Anwendungen (DApps) und intelligente Verträge zu erstellen und einzusetzen. Ethereum wurde 2015 von Vitalik Buterin gegründet, der eine Plattform schaffen wollte, die komplexere programmierbare Transaktionen als Bitcoin ermöglichen sollte.

Künstliche Intelligenz (KI)[14]

Künstliche Intelligenz ist eine weitere Technologie, die die Entwicklung anspruchsvollerer CBDC ermöglichen kann. Mithilfe von KI lassen sich große Datenmengen analysieren, Muster und Trends erkennen und Vorhersagen auf der Grundlage historischer Daten treffen. Diese Technologie kann auch zur Entwicklung von Algorithmen verwendet werden, die verschiedene Finanzprozesse wie die Erkennung von Betrug und die Risikobewertung automatisieren können.

CBDC können KI nutzen, um effizientere und effektivere Finanztransaktionen zu ermöglichen und gleichzeitig das Risiko von Betrug und Fehlern zu verringern. So kann KI zum Beispiel eingesetzt werden, um Geldwäsche zu erkennen und zu verhindern, indem Transaktionsmuster analysiert und verdächtige Aktivitäten identifiziert werden.

Internet der Dinge (IoT)[15]

Das Internet der Dinge ist ein Netzwerk von verbundenen Geräten, die miteinander kommunizieren und Daten austauschen können. Diese Geräte können Smartphones, Tablets, Wearables und andere intelligente Geräte sein.

CBDC können das IoT nutzen, um nahtlose und bequeme Finanztransaktionen zu ermöglichen. Zum Beispiel kann eine Smartwatch zum Bezahlen verwendet werden, indem man sie einfach auf ein Zahlungsterminal tippt. Dies kann den Bedarf an physischem Bargeld oder Kreditkarten reduzieren und bietet gleichzeitig eine bequemere und sicherere Zahlungsmethode.

---

14 Künstliche Intelligenz (KI) bezieht sich auf die Entwicklung von Computersystemen, die Aufgaben ausführen können, für die normalerweise ein Mensch benötigt wird, wie z.B. visuelle Wahrnehmung, Spracherkennung, Entscheidungsfindung und Sprachübersetzung. KI wird durch maschinelles Lernen erreicht, bei dem Algorithmen auf großen Datenmengen trainiert werden und ihre Leistung mit der Zeit verbessern können. KI kann in einer Vielzahl von Branchen eingesetzt werden, z. B. im Gesundheitswesen, im Finanzwesen, im Transportwesen und in der Fertigung, und hat das Potenzial, unser Leben und Arbeiten zu revolutionieren.

15 Das Internet der Dinge (Internet of Things, IoT) bezeichnet ein Netzwerk aus physischen Geräten, Fahrzeugen, Haushaltsgeräten und anderen Gegenständen, die mit Sensoren, Software und Konnektivität ausgestattet sind und sich so miteinander verbinden und Daten austauschen können. IoT-Geräte können untereinander und mit anderen Systemen über das Internet kommunizieren und ermöglichen so eine Vielzahl von Anwendungen und Diensten, darunter Hausautomatisierung, intelligente Städte, Industrieautomatisierung und Gesundheitsüberwachung.

Die Entwicklung und Implementierung von CBDC hängt stark von technologischen Fortschritten und Innovationen ab. Die Blockchain-Technologie, intelligente Verträge, künstliche Intelligenz und das Internet der Dinge sind nur einige Beispiele für Technologien, die die Entwicklung effizienterer, sicherer und transparenter CBDC ermöglichen können. Diese Technologien können auch neue Chancen und Herausforderungen für aufstrebende und fortgeschrittene Volkswirtschaften sowie für das globale Finanzsystem als Ganzes bieten. Für politische Entscheidungsträger, Regulierungsbehörden und andere Interessengruppen wird es wichtig sein, diese technologischen Fortschritte weiterhin zu überwachen und an sie anzupassen, um die sichere und effiziente Nutzung von CBDC zu gewährleisten.

IX. ÄNGSTE

Kapitel 33: Die Ängste der einfachen Leute vor CBDC

Kapitel 34: Bedenken der Unternehmen gegenüber CBDC

Kapitel 35: Staatliche Bedenken gegen CBDC

Kapitel 33: Die Ängste der einfachen Leute vor CBDC

Die digitale Zentralbankwährung (Central Bank Digital Currency, CBDC) ist in der Finanzwelt schon seit einiger Zeit ein Diskussionsthema. Obwohl CBDC das Potenzial hat, viele Vorteile für die Wirtschaft und die Gesellschaft zu bringen, haben einige Menschen immer noch Bedenken hinsichtlich ihrer Umsetzung. In diesem Kapitel werden wir einige der häufigsten Befürchtungen in Bezug auf CBDC untersuchen.

- Bedenken hinsichtlich der Privatsphäre: Eine der größten Befürchtungen in Bezug auf CBDC ist die Privatsphäre. Da Transaktionen, die mit CBDC getätigt werden, in einem öffentlichen Hauptbuch aufgezeichnet werden, besteht die Befürchtung, dass diese Informationen von Regierungen oder anderen Stellen zur Überwachung der Finanztransaktionen von Einzelpersonen verwendet werden könnten. Manche Menschen befürchten, dass ihre Finanzdaten gegen sie verwendet werden könnten.

- Cybersicherheitsrisiken: CBDC ist eine digitale Währung, was bedeutet, dass sie anfällig für Cyberangriffe ist. Viele Menschen befürchten, dass ihre Finanzdaten gestohlen werden könnten, wenn CBDC gehackt wird, und sie ihr Geld verlieren könnten. Diese Angst ist besonders bei älteren Menschen verbreitet, die mit digitaler Technologie nicht so vertraut sind.

- Potenzial für Inflation: Es besteht die Befürchtung, dass die Einführung von CBDC zu einer Inflation führen könnte. Da die CBDC von der Zentralbank unterstützt wird, befürchten manche, dass die Regierung zu viel davon drucken könnte, was zu einem Wertverlust der Währung führen würde.

- Mangel an Anonymität: Einige Menschen befürchten, dass CBDC die Anonymität bei Finanztransaktionen aufheben wird. Während einige Menschen die Transparenz der öffentlichen Hauptbücher zu schätzen wissen, befürchten andere, dass ihre Finanztransaktionen zu ihnen zurückverfolgt werden könnten, was ihre Privatsphäre gefährden würde.

- Abhängigkeit von der Technologie: CBDC ist eine digitale Währung, was bedeutet, dass für ihre Verwendung der Zugang zu Technologie erforderlich ist. Einige Leute befürchten, dass dies zu einer digitalen Kluft führen könnte, bei der diejenigen, die keinen Zugang zur Technologie haben, zurückbleiben. Außerdem besteht die Befürchtung, dass der Einzelne bei einem Ausfall der Technologie den Zugriff auf sein Geld verlieren könnte.

- Das Potenzial für staatliche Übergriffe: CBDC werden von der Zentralbank ausgegeben, was bedeutet, dass die Regierung eine große Kontrolle über ihre Verwendung hat. Einige Leute befürchten, dass dies zu einer Überregulierung durch die Regierung führen könnte. Die Regierung könnte CBDC nutzen, um die Finanztransaktionen der Bürger zu kontrollieren.

Kapitel 34: Bedenken der Unternehmen gegenüber CBDC

Central Bank Digital Currency (CBDC) ist eine neue Form der digitalen Währung, die von einer Zentralbank ausgegeben wird und das Potenzial hat, die Finanzlandschaft zu verändern. Während CBDC mehrere Vorteile bietet, bringt sie auch einige Herausforderungen und Bedenken mit sich, insbesondere für Unternehmen.

Hier sind einige der wichtigsten geschäftlichen Bedenken gegenüber CBDC:

- Störung von Geschäftsmodellen: CBDC kann potenziell traditionelle Geschäftsmodelle stören, indem es den Bedarf an Vermittlern bei Finanztransaktionen reduziert. Dies könnte Auswirkungen auf Finanzinstitute, Zahlungsanbieter und andere Vermittler haben, die Transaktionen zwischen Unternehmen und Verbrauchern erleichtern. Infolgedessen müssen einige Unternehmen möglicherweise ihre Geschäftsmodelle neu bewerten und sich an die veränderte Landschaft anpassen.

- Cybersicherheitsrisiken: Mit der zunehmenden Verwendung digitaler Währungen wächst die Besorgnis über Cybersicherheitsrisiken. CBDC könnten ein Ziel für Cyberkriminelle werden, die digitale Vermögenswerte stehlen oder manipulieren könnten. Unternehmen, die CBDC halten, müssen möglicherweise in robuste Cybersicherheitsmaßnahmen investieren, um ihre Vermögenswerte vor potenziellen Cyberbedrohungen zu schützen.

- Auswirkungen auf die Finanzstabilität: CBDC könnte die Finanzstabilität beeinflussen, indem es die Dynamik des Finanzsystems verändert. Sollte sich CBDC beispielsweise durchsetzen, könnte dies zu einem Rückgang der Bankeinlagen und einer Verschiebung des Kräfteverhältnisses zwischen Banken und Zentralbanken führen. Dies könnte sich möglicherweise auf die Verfügbarkeit von Krediten und Liquidität im Finanzsystem auswirken.

- Operative Herausforderungen: Die Einführung von CBDC kann für Unternehmen schwierig und kostspielig sein. Sie müssen möglicherweise in eine neue Infrastruktur und Technologie investieren, um CBDC-Transaktionen zu ermöglichen. Dies könnte eine Herausforderung für kleinere Unternehmen darstellen, die möglicherweise nicht über die notwendigen Ressourcen verfügen, um in die neue Technologie zu investieren.

- Rechtliche und regulatorische Unsicherheit: Es besteht immer noch eine gewisse rechtliche und regulatorische Unsicherheit in Bezug auf CBDC, insbesondere im Hinblick auf die Besteuerung und die Anforderungen zur Bekämpfung der Geldwäsche (AML) und der Kundenkenntnis (KYC). Unternehmen, die CBDC halten, müssen sich möglicherweise durch eine komplexe regulatorische Landschaft bewegen und verschiedene Vorschriften einhalten.

Zusammenfassend lässt sich sagen, dass CBDC mehrere Vorteile für Unternehmen bietet, darunter schnellere und billigere Transaktionen, eine stärkere finanzielle Integration und geringere Transaktionskosten. Es bringt jedoch auch einige Herausforderungen und Bedenken mit sich, insbesondere für Unternehmen, die sich möglicherweise an die veränderte Finanzlandschaft anpassen müssen. Es ist wichtig, dass Unternehmen die potenziellen Risiken und Vorteile von CBDC sorgfältig abwägen und Strategien entwickeln, um die Risiken zu bewältigen und die Chancen dieser neuen Technologie zu nutzen.

Kapitel 35: Staatliche Bedenken gegen CBDC

Während CBDC viele potenzielle Vorteile haben, denken Regierungen und Zentralbanken auch über die potenziellen Herausforderungen nach, die sich aus ihrer Umsetzung ergeben können. Einige der staatlichen Bedenken in Bezug auf CBDC sind:

- Geldpolitische Kontrolle: Eine der Hauptsorgen der Zentralbanken sind die möglichen Auswirkungen von CBDC auf ihre Fähigkeit, die Geldpolitik zu kontrollieren. Da CBDC der Zentralbank einen direkten Kanal für die Verteilung von Geld bieten können, könnte dies zu Herausforderungen bei der Kontrolle der Geldmenge und der Steuerung der Inflation führen. Die Zentralbanken müssen sicherstellen, dass sie über die notwendigen Instrumente zur Wahrung der Geldwertstabilität verfügen und gleichzeitig die erfolgreiche Implementierung von CBDC gewährleisten.

- Finanzielle Stabilität: Eine weitere Sorge der Zentralbanken sind die Auswirkungen von CBDC auf die Finanzstabilität. Da CBDC eine Alternative zu traditionellen Bankeinlagen darstellen würden, könnte dies zu einer erheblichen Verschiebung in der Struktur des Finanzsystems führen. Die Zentralbanken müssen sicherstellen, dass die Einführung von CBDC das Finanzsystem nicht destabilisiert und dass sie die bestehende Finanzinfrastruktur ergänzen.

- Cybersicherheit und operationelle Risiken: Die Zentralbanken müssen auch die potenziellen Cybersicherheits- und Betriebsrisiken berücksichtigen, die mit CBDC verbunden sind. Da CBDC auf einer digitalen Infrastruktur beruhen würden, sind sie anfällig für Cyberangriffe, Hackerangriffe und andere Arten von Betriebsausfällen. Die Zentralbanken müssen sicherstellen, dass die notwendigen Maßnahmen ergriffen werden, um diese Risiken zu mindern und das Finanzsystem vor möglichen Bedrohungen zu schützen.

- Bedenken hinsichtlich Datenschutz und Überwachung: Die Regierungen müssen die Auswirkungen von CBDC auf den Datenschutz und die Überwachung berücksichtigen. Während CBDC für mehr Transparenz und Rechenschaftspflicht sorgen können, können sie auch zu Bedenken hinsichtlich staatlicher Überwachung und Verletzung der Privatsphäre führen. Es ist wichtig, das Bedürfnis nach Transparenz mit dem Recht auf Privatsphäre in Einklang zu bringen und sicherzustellen, dass angemessene Maßnahmen zum Schutz der persönlichen Daten des Einzelnen getroffen werden.

- **Rechtliche und regulatorische Rahmenbedingungen**: Die Regierungen müssen klare rechtliche und regulatorische Rahmenbedingungen für die Implementierung und den Betrieb von CBDC schaffen. Da CBDC einen bedeutenden Wandel im Finanzsystem darstellen, sind neue Vorschriften und rechtliche Strukturen für ihre Nutzung erforderlich. Die Regierungen müssen an der Entwicklung klarer Richtlinien und Rahmenwerke arbeiten, um sicherzustellen, dass CBDC für die Nutzer sicher und effektiv sind.

Zusammenfassend lässt sich sagen, dass CBDC viele potenzielle Vorteile bieten, ihre Umsetzung aber auch Herausforderungen mit sich bringt, die sorgfältig bedacht werden müssen. Zentralbanken und Regierungen müssen gemeinsam an der Entwicklung einer angemessenen rechtlichen, regulatorischen und technologischen Infrastruktur arbeiten, um die erfolgreiche Einführung von CBDC zu gewährleisten.

X. SCHLUSSFOLGERUNG

Kapitel 36: Zusammenfassung der wichtigsten Punkte.

Kapitel 37: Konsequenzen für politische Entscheidungsträger, Finanzinstitute und Verbraucher.

Kapitel 38: Sollten Sie Angst vor CBDC haben?

Kapitel 39: Abschließende Gedanken und Empfehlungen.

Kapitel 36: Zusammenfassung der wichtigsten Punkte

Zusammenfassend lässt sich sagen, dass Central Bank Digital Currency (CBDC) eine digitale Form der Währung ist, die von einer Zentralbank ausgegeben und unterstützt wird. Es handelt sich um ein neues Konzept in der Finanzwelt, das aufgrund seines Potenzials, die Art und Weise, wie wir Geld verwenden und darauf zugreifen, zu revolutionieren, an Popularität gewinnt.

Einer der Hauptvorteile von CBDC ist die verstärkte finanzielle Eingliederung, da es eine einfache und zugängliche Möglichkeit für Personen ohne Bankverbindung und mit geringer Bankverbindung bietet, am Finanzsystem teilzunehmen. Es hat auch das Potenzial, Betrug und Korruption zu reduzieren, die Geldpolitik zu verbessern und die Effizienz der Zahlungssysteme zu erhöhen.

Es gibt jedoch auch einige Herausforderungen und Nachteile, die mit CBDC verbunden sind, darunter die potenzielle Bedrohung von Geschäftsbanken, Bedenken hinsichtlich des Datenschutzes, operative und technische Herausforderungen und Risiken der Zentralisierung.

CBDC kann mit anderen Zahlungssystemen wie Bargeld, traditionellen elektronischen Zahlungssystemen und Kryptowährungen verglichen werden und wurde bereits in mehreren Ländern eingeführt, darunter China, Schweden, Uruguay, die Bahamas, Nigeria, Jamaika, Südkorea und Frankreich.

Zu den regulatorischen Fragen und Herausforderungen im Zusammenhang mit CBDC gehören rechtliche und regulatorische Rahmenbedingungen, grenzüberschreitende Transaktionen und Interoperabilität sowie internationale Zusammenarbeit und Koordination.

Die Zukunft von CBDC ist vielversprechend, mit potenziellen Auswirkungen auf das globale Finanzsystem, Chancen und Herausforderungen sowohl für fortgeschrittene als auch für aufstrebende Volkswirtschaften und technologischen Fortschritten und Innovationen, die seine Entwicklung vorantreiben.

Zusammenfassend lässt sich sagen, dass CBDC das Potenzial hat, die Finanzindustrie zu transformieren, aber es ist wichtig, die Herausforderungen und Probleme, die mit seiner Umsetzung verbunden sind, sorgfältig anzugehen. Ein kooperativer und koordinierter Ansatz zwischen Regulierungsbehörden, Zentralbanken und anderen Interessengruppen wird entscheidend sein, um das volle Potenzial von CBDC auszuschöpfen.

Kapitel 37: Konsequenzen für politische Entscheidungsträger, Finanzinstitute und Verbraucher

Die Einführung einer digitalen Zentralbankwährung (Central Bank Digital Currency, CBDC) hat das Potenzial, erhebliche Auswirkungen auf politische Entscheidungsträger, Finanzinstitute und Verbraucher zu haben. In diesem Kapitel werden wir die Auswirkungen auf jede dieser Gruppen diskutieren.

Für die politischen Entscheidungsträger stellt CBDC eine Möglichkeit dar, die finanzielle Inklusion zu erhöhen und die Wirksamkeit der Geldpolitik zu verbessern. Allerdings müssen sich die politischen Entscheidungsträger auch mit regulatorischen und rechtlichen Fragen rund um das CBDC befassen, einschließlich Bedenken hinsichtlich des Datenschutzes, grenzüberschreitender Transaktionen und internationaler Koordination.

Für Finanzinstitute bietet CBDC sowohl Chancen als auch Herausforderungen. Einerseits könnte CBDC eine neue Einnahmequelle darstellen und die Transaktionskosten senken. Andererseits könnte CBDC eine Bedrohung für das traditionelle Bankensystem darstellen, insbesondere wenn Verbraucher von Bankeinlagen zu CBDC wechseln.

Für die Verbraucher könnte das CBDC Vorteile wie eine stärkere finanzielle Integration und niedrigere Transaktionskosten bieten. Allerdings könnten die Verbraucher auch Bedenken hinsichtlich des Datenschutzes haben, und die Einführung von CBDC könnte erhebliche Änderungen in der Art und Weise erfordern, wie sie Finanztransaktionen durchführen.

Insgesamt werden die Auswirkungen von CBDC auf politische Entscheidungsträger, Finanzinstitute und Verbraucher von der spezifischen Gestaltung und Umsetzung von CBDC abhängen. Die politischen Entscheidungsträger müssen die Vorteile von CBDC gegen die potenziellen Risiken und Herausforderungen abwägen, während die Finanzinstitute sich an neue technologische Fortschritte anpassen und Innovationen vornehmen müssen, um wettbewerbsfähig zu bleiben. Auch die Verbraucher müssen die Vorteile und Risiken der Einführung von CBDC abwägen und ihr Finanzverhalten entsprechend anpassen.

Zusammenfassend lässt sich sagen, dass CBDC ein komplexer und sich schnell entwickelnder Bereich des Finanzwesens ist, der erhebliche Chancen und Herausforderungen für politische Entscheidungsträger, Finanzinstitute und Verbraucher bietet. Die erfolgreiche Umsetzung und Einführung von

CBDC erfordert eine sorgfältige Abwägung dieser Implikationen und die Bereitschaft, sich an die sich verändernde Finanzlandschaft anzupassen.

Kapitel 38: Sollten Sie Angst vor CBDC haben?

Digitale Zentralbankwährungen (Central Bank Digital Currency, CBDC) sind in den letzten Jahren ein heiß diskutiertes Thema in der Welt der Finanzen und der Technologie. CBDC sind digitale Versionen von Fiat-Währungen, die von einer Zentralbank ausgegeben werden und durch staatliche Garantien abgesichert sind. Die Einführung von CBDC könnte erhebliche Auswirkungen auf das globale Finanzsystem und die Art und Weise, wie wir Transaktionen durchführen, haben. Einige Menschen sind besorgt über die möglichen Folgen von CBDC, während andere glauben, dass sie positive Veränderungen mit sich bringen werden. In diesem Kapitel werden wir untersuchen, ob Sie Angst vor CBDC haben sollten.

Einer der Hauptvorteile von CBDC ist ihr Potenzial, die finanzielle Eingliederung zu verbessern. Mit CBDC können Personen, die keinen Zugang zu traditionellen Bankdienstleistungen haben, am Finanzsystem teilnehmen. Dies könnte zu einem höheren Wirtschaftswachstum und einer geringeren Armutsquote führen. CBDC könnten auch die Transaktionskosten senken und die Geschwindigkeit von Zahlungen erhöhen, so dass es für die Menschen einfacher wird, Geld über Grenzen hinweg zu senden und zu empfangen.

CBDC könnten auch dazu beitragen, die mit Bargeldtransaktionen verbundenen Risiken wie Fälschungen und Geldwäsche zu verringern. Transaktionen mit CBDC sind transparent, nachvollziehbar und können nicht gefälscht werden, was sie sicherer macht als Bargeld. Außerdem können CBDC mit Funktionen wie Verfallsdaten oder Ausgabenlimits programmiert werden, um Betrug zu verhindern und die Verbraucher zu schützen.

Trotz der potenziellen Vorteile gibt es auch einige Risiken, die mit CBDC verbunden sind. Eine der Hauptsorgen ist, dass CBDC zu einer verstärkten Überwachung und einem Verlust der Privatsphäre führen könnten. Da alle Transaktionen, die mit CBDC getätigt werden, rückverfolgbar sind, könnten Regierungen oder Zentralbanken die finanziellen Aktivitäten der Menschen potenziell überwachen. Dies könnte zu einer Verletzung der Privatsphäre und der bürgerlichen Freiheiten führen. Darüber hinaus könnten CBDC eine einzige Schwachstelle im Finanzsystem schaffen, die es anfällig für Cyberangriffe macht.

Eine weitere Sorge ist, dass CBDC das Bankensystem stören und zu finanzieller Instabilität führen könnten. Wenn die Menschen anfangen, CBDC anstelle von traditionellen Bankkonten zu nutzen, könnte dies zu einem Rückgang der Nachfrage nach Banken führen, was möglicherweise zu Bankenzusammenbrüchen und systemischen Risiken führen könnte. Wenn die Zentralbank der Öffentlichkeit digitale Währungen direkt anbietet, könnte sie außerdem das kommerzielle Bankensystem stören, indem sie die Banken ihrer Rolle als Intermediäre beraubt.

Abschließend lässt sich sagen, dass es von Ihrer Perspektive abhängt, ob Sie Angst vor CBDC haben sollten oder nicht. Wenn Sie sich Sorgen um die Privatsphäre und die staatliche Überwachung machen, werden Sie CBDC vielleicht mit Misstrauen betrachten. Wenn Sie jedoch optimistisch sind, was das Potenzial für die finanzielle Eingliederung und die Senkung der Transaktionskosten angeht, werden Sie die Einführung von CBDC vielleicht begrüßen. Letztendlich wird der Erfolg oder Misserfolg von CBDC davon abhängen, wie sie umgesetzt und reguliert werden. Es ist wichtig, die potenziellen Vorteile und Risiken abzuwägen und eine fundierte Entscheidung zu treffen, ob Sie CBDC nutzen wollen oder nicht.

Kapitel 39: Abschließende Gedanken und Empfehlungen

In diesem Leitfaden haben wir die Vor- und Nachteile von CBDC sowie die verschiedenen Ansätze und Fallstudien zur Umsetzung von CBDC untersucht. Wir haben auch die verschiedenen regulatorischen Herausforderungen erörtert, die angegangen werden müssen, sowie die möglichen Auswirkungen auf das globale Finanzsystem und die Chancen und Herausforderungen für aufstrebende und fortgeschrittene Volkswirtschaften.

Insgesamt hat das CBDC das Potenzial, die Art und Weise, wie wir Finanztransaktionen durchführen, zu revolutionieren. Es könnte die finanzielle Inklusion erhöhen, Betrug und Korruption reduzieren, die Geldpolitik verbessern und ein effizienteres und sichereres Zahlungssystem bieten. Es gibt jedoch auch potenzielle Nachteile wie die Risiken der Zentralisierung, Bedenken hinsichtlich des Datenschutzes, operative und technische Herausforderungen und die Bedrohung der Geschäftsbanken.

Für politische Entscheidungsträger bietet CBDC die Möglichkeit, die finanzielle Inklusion zu verbessern und die Geldpolitik zu stärken. Allerdings müssen die politischen Entscheidungsträger auch sicherstellen, dass der regulatorische Rahmen vorhanden ist, um potenzielle Risiken anzugehen und zu gewährleisten, dass CBDC sicher und zuverlässig funktioniert.

Für Finanzinstitute bietet CBDC sowohl Chancen als auch Herausforderungen. Einerseits könnte es zu mehr Effizienz und Kosteneinsparungen führen. Andererseits könnte es aber auch die Rolle der Geschäftsbanken im Finanzsystem bedrohen.

Für die Verbraucher könnte CBDC ein sichereres und effizienteres Zahlungssystem darstellen, aber es wirft auch Bedenken hinsichtlich des Datenschutzes und der Überwachung auf.

Daher ist es wichtig, dass politische Entscheidungsträger, Finanzinstitute und Verbraucher die Auswirkungen des CBDC sorgfältig abwägen und zusammenarbeiten, um einen Rahmen zu entwickeln, der potenzielle Risiken angeht und gleichzeitig die Vorteile maximiert. Die Zusammenarbeit zwischen Ländern und internationalen Organisationen ist auch notwendig, um Fragen der grenzüberschreitenden Interoperabilität zu klären und sicherzustellen, dass das CBDC nahtlos über verschiedene Rechtsordnungen hinweg funktioniert.

XI. REFERENZEN

- BIS (2018). "Central Bank Digital Currencies." Bank for International Settlements.
- Yermack, D. (2015). "Is Bitcoin a Real Currency?" National Bureau of Economic Research.
- Huang, J., & Zhou, Z. (2019). "Central Bank Digital Currency and Its Economic Implications." Economic Perspectives.
- World Bank (2020). "Central Bank Digital Currencies: Opportunities, Risks and Challenges." World Bank Group.
- McKinsey & Company (2019). "Central Bank Digital Currencies: A New Era of Digital Money." McKinsey & Company.
- ECB (2020). "Report on a Digital Euro." European Central Bank.
- G20 (2019). "G20 High-level Principles for Digital Financial Inclusion." G20 Osaka Summit.
- BIS (2021). "Central Bank Digital Currencies: Foundational Principles and Core Features." Bank for International Settlements.
- IMF (2021). "Legal Aspects of Central Bank Digital Currencies." International Monetary Fund.
- Bank of Canada (2020). "Central Bank Digital Currency: Motivations and Implications." Bank of Canada.
- BIS. (2021). Central bank digital currencies: foundational principles and core features.
- Deutsche Bank Research. (2021). CBDCs: A new era of central banking?
- Eichengreen, B., & Shin, H. S. (2021). Central bank digital currency: The quest for minimally invasive technology. Journal of Economic Perspectives, 35(1), 3-24.
- Engert, W., Hendry, S., & Moran, C. (2021). Central bank digital currencies: foundational principles and core features. Bank of Canada.
- Federal Reserve Board. (2021). Central bank digital currencies: A literature review.
- IMF. (2021). Central bank digital currencies: Opportunities, risks and challenges.
- World Economic Forum. (2020). Central bank digital currencies: Central banking for the digital age.
- Bank for International Settlements. (2020). Central bank digital currencies. BIS Papers, No. 107.
- Bank of Canada. (2021). Central bank digital currency: Opportunities, challenges and design. Discussion paper.

- Bank of England. (2020). Central bank digital currency: opportunities, challenges and design. Discussion paper.
- Barontini, C., & Holden, H. (2020). Proceeding with caution-a survey on central bank digital currency. BIS Quarterly Review, September.
- Carstens, A. (2018). Central bank digital currencies. Speech at the Hoover Institution, Stanford University.
- European Central Bank. (2021). Report on a digital euro.
- FSB. (2020). Enhancing cross-border payments: Stage 3 roadmap.
- Goodhart, C., & Jensen, M. (2021). Central bank digital currencies and banking. Journal of Banking Regulation, 22(2), 83-97.
- Mancini-Griffoli, T., et al. (2021). Digital currencies: the rise of stablecoins. IMF Discussion Note, No. 21/02.
- Nakamoto, S. (2008). Bitcoin: A peer-to-peer electronic cash system.
- Raskin, M., & Yermack, D. (2016). Digital currencies, decentralized ledgers, and the future of central banking. Annual Review of Financial Economics, 8, 397-416.
- Sveriges Riksbank. (2020). The e-krona project. First interim report.
- U.S. Federal Reserve. (2021). Federal Reserve Board announces launch of the central bank digital currency (CBDC) research project.
- World Bank. (2021). The Global Findex Database 2017: Measuring Financial Inclusion and the Fintech Revolution.
- Central Bank Digital Currency: Opportunities, Challenges, and Design by Raphael Auer, Giulio Cornelli, Jon Frost, and Henry Holden (2020).
- Central Bank Digital Currency and Fintech in Asia by Douglas W. Arner, Paul P. S. Lai, and Wilson Chow (2021)
- Central Bank Digital Currency: The End of Monetary Policy As We Know It? by Dirk Niepelt (2020)
- Digital Currencies and Stablecoins: Policy, Risks, and Potential by Dong He (2020)
- The Handbook of Digital Currency: Bitcoin, Innovation, Financial Instruments, and Big Data edited by David Lee Kuo Chuen and Robert Deng (2015)
- Cryptocurrency, Blockchain, and Bitcoin: A Guide for Accounting and Business Professionals by Sean Stein Smith (2020)
- Handbook of Blockchain, Digital Finance, and Inclusion, Volume 1: Cryptocurrency, FinTech, InsurTech, and Regulation edited by David Lee Kuo Chuen and Robert H. Deng (2019)
- World Economic Forum. (2020). Central Bank Digital Currency Policy-Maker Toolkit.

- World Economic Forum. (2022). Nineteen countries in the G20 - which represents the world's largest economies - are exploring central bank digital currencies, including Japan, India, Russia and South Korea. As mentioned above, the US and UK are researching CBDCs, but have not yet committed to introducing them.
- The Economist. (2022). According to the Atlantic Council, a think-tank in Washington, DC, 89 countries making up 90% of world GDP are exploring a CBDC. The Bahamian sand dollar, the East Caribbean D Cash and...
- IMF. (2022). We know that the move towards CBDCs is gaining momentum, driven by the ingenuity of Central Banks. All told, around 100 countries are exploring CBDCs at one level or another. Some researching, some testing, and a few already distributing CBDC to the public. In the Bahamas, the Sand Dollar—the local CBDC—has been in circulation for more than a year.
- Ozili, Peterson K. (2022). Central bank digital currency research around the World: a review of literature.
- The World Bank. (2022). ECA Talk: Digital Currencies and the Challenges for Central Banks.
- Finextra. (2022). CBDCs: Here's what every central bank in the world is working on.
- CBDC Tracker - https://cbdctracker.org

Vielen Dank, dass Sie dieses Buch bis zum Ende gelesen haben. Wenn es Ihnen gefallen hat, würde es mich sehr freuen, wenn Sie Ihre Meinung auf der Website hinterlassen, auf der Sie das Buch gekauft haben. Ihr Feedback ist sehr wichtig und hilft dabei, dieses Werk anderen Leserinnen und Lesern näherzubringen. Herzlichen Dank für Ihre Unterstützung!

www.ingramcontent.com/pod-product-compliance
Lightning Source LLC
Chambersburg PA
CBHW070410230526
45471CB00006B/2741